Couverture inférieure manquante

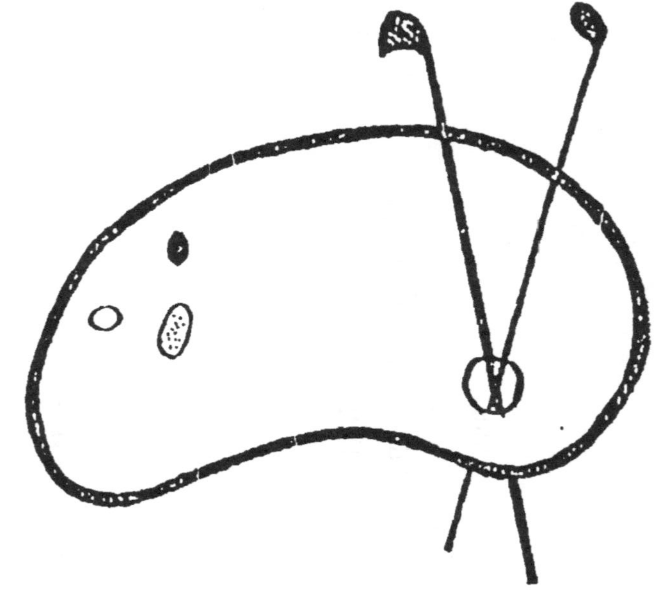

DEBUT D'UNE SERIE DE DOCUMENTS
EN COULEUR

8M
4586

LES ORIGINES

DE L'UNITÉ

DES FRÈRES BOHÊMES

PAR

E. DENIS

PROFESSEUR A LA FACULTÉ DES LETTRES DE GRENOBLE

ANGERS

IMPRIMERIE A. BURDIN ET Cie

4, RUE GARNIER, 4

1885

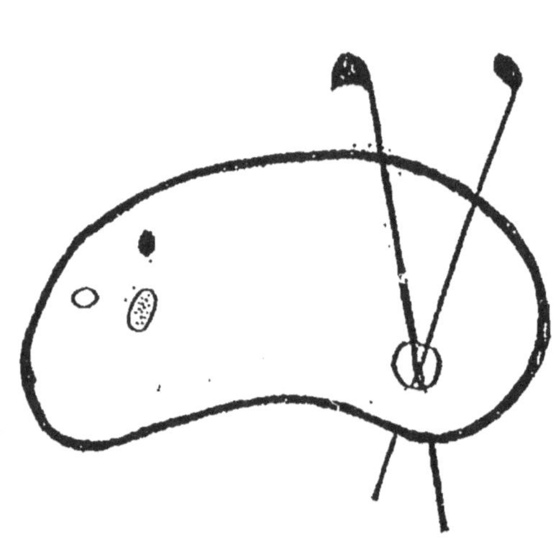

FIN D'UNE SERIE DE DOCUMENTS
EN COULEUR

LES ORIGINES

DE L'UNITÉ DES FRÈRES BOHÊMES

LES ORIGINES

DE L'UNITÉ

DES FRÈRES BOHÊMES

PAR

E. DENIS

PROFESSEUR A LA FACULTÉ DES LETTRES DE GRENOBLE

ANGERS

IMPRIMERIE A. BURDIN ET Cie

4, RUE GARNIER, 4

1885

LES

ORIGINES DE L'UNITÉ DES FRÈRES BOHÊMES

Lorsque, dans les premières années du XV° siècle, au commencement du mouvement hussite, quelques prêtres et quelques maîtres de l'Université de Prague s'étaient proposé de réformer les abus qui s'étaient peu à peu introduits dans l'Église et avaient refusé de se soumettre au pape et au concile, leur audace, presque involontaire et à demi inconsciente, aurait sans doute reculé d'épouvante, s'ils avaient prévu la gravité de la révolution dont ils donnaient le signal. Pas plus que les évêques qui avaient condamné Huss, ils ne soupçonnaient la violence et l'étendue de l'ébranlement qu'allait provoquer l'appel adressé à la conscience religieuse du peuple. Ils assistèrent bientôt avec stupeur, presque avec remords, à une explosion de l'esprit d'examen, qui prenait sa revanche d'une longue compression : la discussion s'attaqua aux dogmes fondamentaux de la religion chrétienne, les solutions les plus hardies furent proposées, les doctrines les moins orthodoxes trouvèrent des défenseurs. A une époque où la société ne s'était pas encore dégagée de ses origines ecclésiastiques et où toutes les questions philosophiques, politiques et sociales, se présentaient sous une forme religieuse, les ardeurs théologiques n'étaient souvent que l'expression obscure des besoins de progrès et des désirs de changement qui agitent tous les siècles. Pour plus d'un prédicateur du XV° siècle, la rupture avec l'Église du moyen âge marquait l'origine d'une ère de félicité ; aux abus et aux misères du passé succéderait un ordre de choses fondé sur la justice et la loi du Christ.

Troublés dans leur foi, menacés dans leurs priviléges, inquiétés dans leur raison par ces tentatives violentes et ces espérances vagues, tous ceux qui tenaient au passé par paresse, timidité, intérêt ou conviction, se réunirent contre les novateurs et réussirent à les écraser. — Même après leur victoire cependant, ils gardèrent une sorte d'épouvante, d'effarement, cherchèrent à se rapprocher de l'Église, avec le sentiment très juste que c'était le meilleur moyen pour contenir les esprits ardents et ramener le calme dans les consciences. D'ailleurs la Bohême était épuisée par ses victoires ; tous les liens sociaux étaient relâchés, on en avait assez de la gloire et des combats, on aspirait à la paix et au repos. Au même moment, d'autre part, l'Église romaine était affaiblie par les siens, agitée par un grand effort de transformation intérieure ; elle se montra disposée à traiter. Les Compactats sortirent de cette bonne volonté réciproque ; en 1436, la paix parut rétablie et l'hérétique Bohême réconciliée avec le monde catholique.

Quelles étaient les véritables intentions des légats du concile de Bâle quand ils faisaient aux Tchèques les concessions en échange desquelles ceux-ci avaient consenti à se soumettre ? — Les utraquistes modérés, qui avaient espéré conserver dans l'Église une situation privilégiée, avaient été dupes d'une illusion honorable, mais dangereuse ; par désir de paix et par scrupule de conscience, ils avaient commis une lourde imprudence. Les événements se chargèrent bientôt de le leur démontrer. Le principe même de l'Église romaine lui interdit toute transaction ; pour elle, un schisme n'est qu'une défaite, un traité avec des rebelles serait une abdication. Les papes, dès qu'ils furent débarrassés de l'opposition des conciles, essayèrent, par la diplomatie d'abord, par la guerre ensuite, d'amener les Hussites à une soumission complète et sans condition. Ils échouèrent devant l'indomptable obstination du peuple tchèque, pour lequel la cause de la réforme religieuse avait fini par se confondre presque avec la cause de l'existence nationale, et le courage et l'habileté de George de Podiébrad. Lorsque George mourut, en 1471, Rome ne jugea pas possible de profiter immédiatement de la disparition de son redoutable adversaire ; elle n'abandonna pas ses projets, elle les ajourna. Les Utraquistes eurent quelque raison de s'attribuer la victoire : les Compactats n'avaient pas encore été confirmés par le pape, mais ils faisaient partie des lois fondamentales de la Bohême ; les rois, avant de monter sur le trône, juraient de les respecter et d'en poursuivre la ratification auprès de la Curie ; les Calixtins, maîtres de la plupart des églises, soutenus par la majorité de la diète, oublièrent leurs nombreuses déceptions antérieures et se plurent à croire que Rome se résignerait enfin à accepter le fait accompli.

Singulière situation d'esprit que celle de ces utraquistes qui

ne se décidèrent jamais à choisir entre la soumission et la révolte ! Persistant à se dire les fils d'une Église qui les reniait,
ils n'eurent jamais le courage d'accepter la rupture ou de renoncer aux libertés que les papes leur refusaient. Quelle était
cependant la valeur absolue de ces privilèges auxquels ils
s'attachaient avec tant de passion ? Un seul, en somme, avait
quelque importance, c'était l'autorisation de communier sous les
deux espèces, et elle était entourée de tant de restrictions, de
commentaires et de réserves que, même en faisant abstraction
de l'indifférence dans laquelle nous laissent aujourd'hui les
questions purement théologiques et en nous rappelant l'intérêt
qu'elles excitaient alors, nous n'arrivons pas à nous expliquer
que des milliers et des milliers d'hommes aient sacrifié sans
hésiter leurs biens et leur vie pour le maintien d'une aussi
médiocre conquête [1]. Seuls les souvenirs, les intérêts nationaux
et politiques qui avaient peu à peu fini par faire corps avec
l'utraquisme, les passions personnelles, la magie toujours si
puissante des mots, expliquent cette fidélité acharnée à un programme fort insuffisant. Les modérés en effet, par horreur des
excès, par timidité, par désir de conciliation, avaient lâché la
proie pour l'ombre, et, pour sauver le symbole, livré la réalité.
Rebelles sans conviction, ils ne défendaient plus que le cadavre
d'une révolution.

A mesure que les esprits se calmaient, que la passion laissait
quelque place à la réflexion, il devait arriver nécessairement un
moment où l'on s'apercevrait de l'inconséquence de cette politique et de l'inanité du but qu'elle poursuivait. Dès que la
vanité réelle des Compactats apparut avec quelque clarté, un
double mouvement se produisit ; les uns, chez qui dominait
l'esprit de conservation ou de tradition, renoncèrent au calice
et rentrèrent dans le giron de l'Église ; les autres, moins timorés,
tourmentés par une passion religieuse plus intense, étendirent
peu à peu leur programme, cherchèrent à rendre quelque signi-
fication à l'utraquisme et comme une âme à la révolution

---

1). Nous comprenons très bien la valeur qui s'attache au calice, mais le concile, fort habilement, avait repris d'une main ce qu'il semblait accorder de
l'autre. D'après l'article 1 des Compactats, le prêtre, toutes les fois qu'il dis-
tribue le calice, rappellera aux fidèles qu'ils doivent croire fermement « que,
sous l'espèce du pain, ne se trouve pas seulement le corps et sous l'espèce du
vin le sang du Sauveur, mais, sous chacune des deux espèces, le Christ tout
entier et complet. » La question de savoir si la communion sous les deux espèces a été ordonnée par le Seigneur est réservée, etc.

tchèque. Par la nature de leur esprit comme par les besoins de leur cœur, ils étaient d'avance, en quelque sorte, les disciples de Luther et ils se rallièrent en effet très rapidement à la Réforme allemande.

Le mouvement hussite était cependant trop original et trop national, pour se perdre ainsi presque sans laisser de trace. Pendant que l'utraquisme officiel s'attardait à des négociations compromettantes, quelques hommes résolus et pieux jetaient les bases d'une nouvelle communauté religieuse. Sans grande autorité personnelle, sans autres moyens d'action que la bonne volonté et la foi, réunissant autour d'eux quelques âmes simples et droites, quelques cœurs purs, ils créèrent une secte qui subit l'influence du protestantisme allemand, mais sans se confondre avec lui, et est ainsi, avec les Vaudois, la seule qui ait conservé depuis le moyen âge jusqu'aux temps modernes une existence indépendante et une physionomie tout à fait individuelle [1], c'est l'Unité des Frères Bohèmes [2]. L'Unité est restée, jusqu'à la bataille de la Montagne-Blanche, un des principaux éléments de la vie nationale tchèque; elle a donné à la Bohême quelques-uns de ses politiques les plus remarquables et de ses écrivains les plus éminents; après avoir marqué toute cette période historique d'une empreinte particulière, elle a ennobli par l'héroïsme de ses martyrs la catastrophe finale et rendu l'exil fécond par les travaux de ses fidèles. Ne lui revient-il pas aussi quelque part de responsabilité dans les désastres du xviie siècle? N'a-t-elle pas contribué par exemple, par sa fidélité obstinée à ses croyances particulières, à empêcher la formation en Bohême d'une grande église luthérienne qui aurait trouvé en Allemagne de précieuses sympathies et des secours néces-

---

1). Lechler, *Johann von Wiclif und die Vorgeschichte der Reformation*, Leipzig, 1879, II, p. 514.

2). Vers 1720, le comte Zinzendorf accueillit sur ses domaines quelques descendants des anciens frères Bohèmes qui, plus d'un siècle après la victoire définitive du catholicisme et en dépit des persécutions, étaient restés hérétiques. Ils fondèrent la colonie, si célèbre depuis, de Herrnhut, dans la Haute Lusace. Leur propagande, favorisée par la renaissance religieuse allemande du xviiie siècle, fut assez heureuse. Ils sont aujourd'hui quelque cent mille en Europe ou en Amérique. Les *Herrnhuter* ou les Communes Évangéliques ne se rapprochent pas beaucoup plus des anciens Frères Bohèmes au point de vue du dogme que n'importe quelle secte protestante, mais ils ont conservé leur discipline morale. Les colons que Zinzendorf reçut sur ses domaines venaient de la Moravie, des environs de Fulnek. La coutume s'est établie depuis de parler des Frères Moraves, ce que ne justifient ni les documents ni les faits. Le titre que se donnaient les Frères eux-mêmes est celui de l'Unité des Frères, et ceux même qui habitaient la Moravie appartenaient à l'Unité des Frères Bohèmes (*unitas fratrum Bohemorum*).

saires ? — On l'a prétendu, et c'est possible. Il est certain, dans tous les cas, que par la grandeur du rôle qu'elle a joué, non moins que par la haute valeur des hommes qu'elle a produits, elle a droit à une attention spéciale[1]. Aucune secte chrétienne n'a abordé d'ailleurs avec plus de hardiesse et résolu avec plus de franchise les grands problèmes de l'organisation politique et économique des sociétés ; dans aucune n'apparait avec une plus curieuse évidence l'influence de la réalité sur la théorie, d'abord radicale et absolue, bientôt assagie et modérée au contact de la vie. L'étude de la formation, des progrès et des développements de l'Unité des Frères, tant qu'elle reste absolument originale et indépendante, c'est-à-dire jusqu'au moment où elle entre en contact avec le protestantisme, n'est pas ainsi une simple étude d'histoire tchèque ; elle présente cet intérêt plus général qu'éveillent toujours les origines des communautés religieuses.

I

Pendant les années qui suivirent la mort de Huss, une sorte de fièvre religieuse s'empara de la Bohème. Des milliers de paysans se réunissaient sur les hauteurs pour entendre la parole de vérité et de vie et rendre à Dieu un culte épuré. Dans ces bandes ivres de foi et que le Calice enflammait d'un en-

[1]. Le grand travail de M. Gindely (*Gesch. der bœhm Brüder.* 2 vol., Prague, 1868) reste toujours l'œuvre capitale pour l'histoire de l'Unité. La partie relative aux origines seule a un peu vieilli. Cette période primitive a été l'objet d'une série de travaux très remarquables publiés] ces dernières années par M. Goll, professeur à l'Université tchèque de Prague et bien connu en France par ses chroniques de la *Revue historique*. M. Goll apporte dans ces questions fort obscures et délicates une conscience, une érudition exacte et une perspicacité qui permettent d'accepter presque toujours comme définitifs les résultats auxquels il est arrivé. Voici les titres de ses principales études : *Quellen und Untersuchungen zur Geschichte der bœhmischen Brüder. 1. Der Verkehr der Brüder mit den Waldensern. Wahl und Weihe der ersten Priester*, Prague, 1878. II. *Peter Cheltchitsky und seine Lehre*, Prague, 1872. Je cite : Goll, *Quellen*, I ou II. — Articles dans le *Tchasopis tcheského Musea* (Revue du Musée Bohème, 1883 et 1884), sur la fondation de l'Unité et la première persécution. — Cité : *Tchas.* Goll, avec le chiffre de l'année et de la page). M. Goll a publié encore divers autres articles que j'indiquerai plus loin. — N'y a t-il pas quelque témérité à essayer de refaire ce qui a été si bien fait? Il est bien évident qu'un étranger, écrivant pour des étrangers, n'a ni le même but ni les mêmes prétentions que l'historien national qui s'adresse à un public pour lequel aucun détail n'est sans intérêt. L'inédit lui est inaccessible et n'aurait pour ses lecteurs qu'une très médiocre saveur. Peut-être, en revanche, l'éloignement lui permet-il quelquefois de se rendre mieux compte de l'importance relative des faits et est-il dans des conditions favorables pour essayer de tracer un tableau général.

thousiasme mystique, les doctrines les plus étranges, les rêves les plus hardis étaient acceptés sans discussion ; les croyances chiliastiques surtout hantaient les esprits. Avant le Jugement dernier, Christ redescendrait sur la terre et fonderait un royaume qui durerait mille ans ; les impies périraient dans un épouvantable cataclysme ; sous le gouvernement direct du Seigneur, les élus, les fidèles encore vivants ou ceux qui étaient morts pour la vérité et ressusciteraient avec le Sauveur, comme Huss et Jérôme de Prague, jouiraient d'une félicité parfaite. Dans ce royaume des Saints, toutes les lois humaines seront abolies, parce qu'elles viennent des hommes et non de Dieu. Les distinctions de classe et de fortune disparaîtront ; il n'y aura plus de nobles, plus de riches, plus de princes. La terre, débarrassée des méchants, sera assez vaste pour assurer à tous une vie facile et heureuse. Les hommes, directement éclairés par l'esprit de Dieu, n'auront plus besoin de guide ni de règle ; les prêtres perdront leur puissance et la Bible son autorité[1].

Cependant le miracle attendu ne se produisait pas. Les croisés, obéissant à l'appel du concile, envahissaient la Bohême et menaçaient d'étouffer la vérité. Il ne fut pas difficile de persuader aux saints qu'il leur appartenait d'accomplir eux-mêmes les destins et d'exécuter la condamnation céleste. Disciplinés, organisés, conduits au combat par des généraux remarquables, ils repoussèrent toutes les attaques des catholiques et formèrent le noyau de ces armées taborites qui portèrent jusqu'à la Baltique la terreur du nom hussite. Les Taborites, contenus par des chefs qui se servaient de leur fanatisme sans le partager entièrement, mêlés bientôt d'ailleurs d'éléments fort impurs, se souvinrent toujours, malgré tout, de leurs premiers rêves. Leurs espérances mystiques se transformèrent plutôt qu'elles ne disparurent ; jusqu'à la fin ils se regardèrent comme les exécuteurs de la vengeance du Ciel et ne désespérèrent pas d'établir sur

---

1) Goll remarque très justement que Cheltchitsky, le véritable père de l'Unité, n'est pas un millénaire : bien certainement en effet il ne croit pas que l'idéal de vertu et de bonheur qu'il conçoit se réalise jamais ici-bas : mais cet idéal lui-même est-il si différent de celui des Chiliastes ? L'inspiration est la même, plus enthousiaste chez les uns, plus modérée chez l'autre. La société que doit se créer le véritable Chrétien d'après Cheltchitsky, présente de frappantes analogies avec celle des Chiliastes. Un des prédicateurs les plus ardents annonçait que les vrais Chrétiens n'auraient plus besoin de livres; n'y a-t-il pas un écho de cette opinion dans l'aversion de Cheltchitsky pour la scolastique et les discussions dogmatiques, dans sa prédilection pour les âmes simples qui aperçoivent la vérité par une sorte d'intuition divine ?

toute la terre le royaume de Dieu. Beau rêve dont ils furent brusquement réveillés par la bataille de Lipan, où ils furent écrasés par les modérés (1434). Depuis lors, sans avenir, sans chef, sans confiance, ils ne représentent plus qu'un des nombreux éléments de désordre que la guerre a laissés après elle jusqu'au moment ou George de Podiébrad les force à se rallier à l'utraquisme officiel et à se soumettre à l'archevêque élu par la diète (1452).

Lourde chute après un tel élan ! Tant de luttes, tant d'efforts, tant de victoires, et c'était là le résultat ! Que de sang versé, que de souffrances, que de ruines ! Voilà donc où aboutissaient tous les triomphes : la noblesse plus puissante que jamais, les abus restaurés, la vérité humiliée et trahie, Jésus souffleté par l'Antechrist ! Reprendre la lutte ? Mais comment, avec quelles ressources ? L'épuisement eût-il été moins absolu, une chose manquait, la meilleure, l'enthousiasme qui espère. D'autre part, accepter sans arrière-pensée la défaite, renoncer à ces biens suprêmes : la religion véritable, l'évangile ; pour beaucoup de ces hommes, tout secoués encore par la crise, dominés par une passion irrésistible, il y avait là comme une impossibilité psychologique. Un décret ne supprime pas les croyances ; un gouverneur, fût-il aussi habile et aussi respecté que l'était Podiébrad, ne calme pas en quelques années l'effervescence d'un peuple, quand elle est si profonde, si ancienne et si générale. La fin des grands mouvements politiques et religieux est marquée souvent, comme leur début, par les hardiesses de l'imagination individuelle, qui semble prise de folie. En dépit de l'utraquisme légal, des prédicateurs plus ou moins autorisés attaquaient les dogmes les plus respectés, la Trinité, la Divinité du Christ ; à Eger, un franciscain, Jean de Wirsberg annonçait la venue d'un nouveau Rédempteur[1] ; un paysan ignorant, Nicolas de Vlasenice, avait des révélations, des visions et fondait la secte des Nicolaïtes dont on suit la trace jusqu'à la fin du xviᵉ siècle[2]. Beaucoup de ces rêveurs disparaissent sans laisser de disciples, mais le silence qui bientôt enveloppe leur nom ne

1) Frind, *Die Kirchengesch. Bœhmens*, Prague, 1878, IV, p. 51.
2) Sur Nicolas de Vlasenice, v. Gindely, *Gesch. der bœhm. Brüder*, p. 17 et p. 191. Cp. Jos. Ieretchek, *Rukovièt k diéjinam literatury tcheské* (*Manuel pour l'histoire de la littérature tchèque*), Prague, 1875. — C'est un ouvrage d'une haute valeur et qui m'a fourni de très nombreux renseignements. M. Iretchek a publié aussi dans le *Tchasopis tch. M.* (1876) un article sur Nicolas que je ne connais pas.

permet pas de conclure qu'ils sont demeurés sans influence ; pour s'en convaincre, il suffit de se rappeler ce qui se passe encore dans certains milieux protestants, le travail continu de création religieuse qui secoue les croyants. La fraction la plus extrême des Taborites, que l'on désignait sous le nom d'Adamites ou de Picards, rudement poursuivie par Jijka, n'avait jamais complètement disparu ; la victoire définitive de l'utraquisme modéré favorisa encore la formation de groupes nouveaux : en brisant les liens qui réunissaient à un centre commun tous ceux que ne satisfaisaient pas les compactats, elle provoqua l'apparition, non pas sans doute de sectes proprement dites, mais de cercles religieux, d'associations pieuses, asiles des mécontents, des fanatiques, de toutes les âmes qui, au milieu des tristesses et des dégoûts de l'heure actuelle, cherchaient une consolation dans un culte plus intime[1]. Y a-t-il quelque ressemblance, quelque relation directe entre l'Unité et la plupart de ces groupes religieux qui naissent en Bohême de la décomposition du hussitisme ? Aucun fait ne permet de le supposer. Ce serait une erreur grave surtout que de voir dans les Frères des continuateurs des Taborites[2] : ils s'en séparent dans la spéculation comme dans la pratique. Il me paraît certain, malgré tout, que l'effervescence générale des esprits à cette époque a exercé sur la fondation et les progrès de l'Unité une action considérable, bien qu'indirecte ; elle lui a fourni en quelque sorte l'atmosphère morale qui lui était nécessaire. Les causes directes, immédiates n'aboutissent pas toujours et ne suffisent jamais à tout expliquer. Au milieu d'une société religieuse plus fortement constituée et moins accessible aux idées nouvelles, les doctrines de Cheltchitsky ne se seraient pas produites ou dans tous les cas seraient restées sans écho. Les rêves chiliastiques, les aspira-

---

1) Comme le fait remarquer M. Goll, *Tchas.* 1881, p. 48, Gindely et Palatsky vont trop loin en parlant de sectes proprement dites, ce qui implique l'idée d'une doctrine précise et d'une organisation fixe. Ce qui est incontestable, c'est que le pays était en pleine effervescence, que l'autorité religieuse était fort incertaine, et qu'un pareil état de choses entraîne fatalement la formation de groupes indépendants.

2) « C'est une erreur de regarder les Frères comme les continuateurs des Taborites, bien qu'il ne soit pas douteux que quelques Taborites se soient joints à l'Unité, » (Goll, *Tchas.*, 1881, p. 159). — Les Frères ont toujours protesté très énergiquement contre la confusion que leurs adversaires s'efforçaient d'établir entre eux et les Taborites, et leurs protestations étaient absolument légitimes ; il est bon de remarquer toutefois que les Taborites, officiellement condamnés et fort mal vus de l'opinion publique, étaient des alliés très compromettants, et la plus vulgaire prudence conseillait aux Frères, sinon d'exagérer, du moins de marquer très nettement les divergences des deux partis.

tions démocratiques, les habitudes de libre réflexion, les besoins de la conscience surexcitée par une longue période de discussions et de luttes, le découragement même, résultat des défaites antérieures, furent, non pas la cause, mais la condition de la naissance et des progrès rapides de l'Unité.

Ainsi préparée par les circonstances générales, elle sortit de la rencontre de quelques disciples de l'archevêque utraquiste, Rokytsana, et d'un homme peu éloquent, d'une instruction médiocre, sans autre autorité que celle de la conviction et de la dignité morale, Pierre Cheltchitsky.

De tous les chefs religieux hussites, aucun ne jouissait d'une influence égale à celle de Jean de Rokytsana, et cette influence était justifiée en somme par ses services et ses talents[1]. Non pas que ce fût un penseur profond ou un écrivain original : ses œuvres ne se distinguent ni par les idées ni par le style de la moyenne des productions de l'époque; sa doctrine est assez pauvre et ses conclusions faibles; mais, au milieu de la confusion générale, il avait une volonté ferme et une âme pure. D'une taille moyenne, assez gros, ramassé, les épaules larges, les bras robustes, il restait inébranlable sur la brèche, et les assauts ne l'effrayaient pas. Depuis l'année 1418 où, tout jeune encore, il a l'honneur d'être cité devant le concile de Constance comme un des plus coupables fauteurs de l'hérésie, jusqu'à sa mort, en 1471, dans ce long espace de plus d'un demi-siècle, au milieu de tant de changements, de conversions, de catastrophes, il nous apparaît toujours fidèle à lui-même, invariable : il hésite quelquefois sur le meilleur moyen d'atteindre le but, jamais sur le but lui-même. Il s'était attaché au début à ce maître Iakoubek (Jacobellus), qui, après le départ de Huss, prit la direction du mouvement et le premier la communion sous les deux espèces; il avait reçu de lui la pure tradition du hussitisme primitif, réformateur et non révolutionnaire, et il en était demeuré le gardien le plus vigilant et comme l'incarnation; il veillait sur lui comme sur sa chose, aussi hostile à ceux qui l'étendaient et le compromettaient par leurs audaces qu'à ceux qui ne ressentaient pour lui qu'un enthousiasme un peu tiède et toujours prêt aux défections. Bien décidé à ne rien

---

1) Le jugement que j'ai porté sur Rokytsana dans mon *Histoire de la guerre des Hussites* est trop sévère : je persiste à croire que son influence fut souvent funeste, mais je ne doute plus de sa sincérité parfaite. Il se trompait, mais de bonne foi, par timidité et non par ambition.

sacrifier des vérités que ses maîtres lui avaient révélées et qu'il jugeait nécessaires au salut, il éprouvait une horreur instinctive à la pensée de rompre avec l'Église. Ne lui soyons pas trop sévères : aujourd'hui encore, combien, et des meilleurs, éprouvent les mêmes 'erreurs ! Le déchirement alors était mille fois plus douloureux, sans parler même des conséquences matérielles d'une semblable décision, et elles étaient terribles : il s'agissait bien d'une question de vie ou de m..rt. La doctrine catholique d'ailleurs, au xv⁰ siècle, était moins rigoureuse, moins nettement déterminée qu'elle ne l'a été depuis, admettait bien des dissidences. Rokytsana, sur ce point comme sur la plupart des autres, représentait la grande majorité du peuple, cette foule qui recule devant les solutions radicales hardiment proposées, et qui, quand elle fait une révolution, essaie de se donner le change à elle-même et ne s'avoue pas la gravité réelle de ses actes. La foule a droit aux circonstances atténuantes, mais le chef de parti ? A quel titre guider les autres, si l'on refuse de voir où l'on va ? Rokytsana, de la meilleure foi du monde, dans son honnêteté sincère mais timide, s'obstinait dans une situation sans issue : comment ne s'y serait-il pas compromis ? Sa fièvre de réconciliation avec l'Église et sa fidélité à l'hérésie, ses élans de soumission coupés de brusques retraites, ses protestations d'obéissance et ses réserves, son humilité et ses réclamations fournissaient à ses adversaires ample sujet d'accusations ; ses amis eux-mêmes ne le comprenaient pas toujours, s'irritaient, déconcertés par ces brusques à-coups. Son malheur, la cause de tous ses échecs et de tous ses déboires, fut qu'il ne voulut jamais comprendre qu'il n'y a pas de traité possible entre la révolte et l'autorité régulière. Exiger de celle-ci qu'elle légitime celle-là, c'est aller contre la logique des choses. Rokytsana n'était incapable ni de dévouement ni de fermeté, et on n'a relevé contre lui aucune défaillance personnelle, mais il appartenait à cette race d'hommes qui ont plus de courage dans le cœur que dans l'esprit et qui sont capables de mourir pour leurs principes, mais non d'en accepter les suites nécessaires. Dominé par des désirs contradictoires, plus conséquent que logique, avec moins de raison que de piété et plus de bonne volonté que de prudence, la modération entêtée d'une conviction étroite faisait de lui un sectaire plutôt qu'un réformateur[1].

1) L'envoyé d'Eger à Prague (novembre 1431), nous donne assez bien l'idée

La faute en est-elle à lui seul? Impossibilité de concessions suffisantes, après des combats trop cruels et trop longs, impuissance de création, résultats d'efforts trop répétés ou trop violents : c'est la double fatalité qui atteint les révolutions qui finissent et les hommes qui les dirigent.

En face d'adversaires aussi sûrs de leur volonté que les représentants de l'Église romaine, cette politique flottante et pleine de contradictions était des plus dangereuses. D'autant plus que ces timidités de l'esprit n'excluent pas toujours une grande chaleur d'âme, des abandons, des entraînements que suivent de longs regrets. Rokytsana était un polémiste et un orateur; souvent chez lui la parole dépassait la pensée; entraîné par la discussion, il se laissait aller à des déclarations dont on s'armait ensuite contre lui. Il s'aperçut bientôt du peu de sincérité des catholiques, devina leur tactique : habituer au frein le cheval rétif jusqu'au moment où on le ramènerait dompté à l'écurie[1]. Dans les dernières conférences, il se tint à l'écart, se renferma dans la plus grande réserve. Il était trop tard : il ne dépendait plus de lui d'enrayer le mouvement de soumission, et les Tchèques se contentèrent d'un traité obscur, incomplet, qui n'était pour eux qu'une menace et non une garantie. Rokytsana, qui était dans une assez large mesure responsable de l'irréparable imprudence commise, chercha du moins à diminuer le mal. Au moment où les catholiques croyaient n'avoir plus qu'à recueillir les fruits de leur habileté, ils se heurtèrent inopinément à l'inflexible entêtement d'une conscience timorée et s'y brisèrent. Rokytsana, dans cette seconde période de sa vie, fut plus que le chef de la résistance, il en fut l'âme; pour un moment, il tint lieu à l'utraquisme de doctrine et de dogme; il sauva ce qui pouvait encore être sauvé, une apparence d'Église nationale. Tenacité illogique, mais admirable, et qui excuse bien des erreurs.

de cette raideur de Rokytsana, qui concentre toute sa résistance sur un point, mais n'en démord pas : « Est autem dictus prædicans sacerdos, vir magna eloquentia, dilectus fere ab omnibus in Pragâ, præsertim veteri, qui de multis hæresibus eos prædicando eluxit, tenens tameu articulum de necessitate communicandi sub utraque specie. »

1) Les preuves que le concile n'a jamais été sincère dans ses négociations avec les Tchèques abondent. Il fallait « user de ruse et les tromper pour leur bien. » (*Monumenta Concil. Gener. sæculi XV*, I, p. 723.) — « Melius est sub dissimulatione procedere et generalia quædam dicere pro amicitiâ partis utriusque (*Mon.*, I, p. 783.) Comparez le récit de Tomek, d'une si haute impartialité : *Diéjepis Prahy, Histoire de Prague*, t. IV et VI et en particulier, t. IV, p. 678, 679, 684, 695, etc.

Les calixtins, les catholiques, Rokytsana lui-même se rendaient très bien compte de la situation. Ses adversaires pensaient à se débarrasser de lui par l'assassinat, ses partisans exigeaient pour se soumettre que la Curie le confirmât dans la possession de l'archevêché de Prague, et Rokytsana bravait les calomnies et les dégoûts plutôt que d'abandonner une position qui lui apparaissait à juste titre comme la plus sûre défense de l'utraquisme. Forcé pendant plus de dix ans de rester éloigné de Prague que Sigismond avait livrée aux complices des catholiques (1437-1448), il y rentra victorieux avec George de Podiébrad et reprit aussitôt la haute direction du parti. Quand il montait dans sa chaire du Tyn[1], grandi par les haines impitoyables qui s'acharnaient après lui, respecté pour la pureté de ses mœurs, presque martyr depuis les épreuves fermement supportées, la foule se pressait autour de lui et retrouvait en l'écoutant quelque chose de son enthousiasme passé. Il avait quelques-unes des qualités du grand orateur populaire, la conviction brûlante qui se communique aux auditeurs, la véhémence qui emporte les doutes, la franchise parfois brutale de l'idée et de l'expression. Il s'adressait au peuple, aux simples, évitait la polémique, les questions de dogme qui troublent les consciences: il voulait ramener les âmes au Christ, les arracher au péché et à la damnation[2]. Le hussitisme, à l'origine, était né d'une pensée de régénération morale, de l'indignation provoquée par les abus de l'Église officielle : Rokytsana renouait la tradition, reprenait l'œuvre des prédicateurs de Bethléem.

Cette préoccupation morale, surexcitée par les dangers et les souffrances pendant les années de guerre, s'était traduite par une répression sévère des péchés publics. A peine les Compactats signés, l'exaltation tomba, une certaine réaction contre

1) C'est la principale église de la Vieille Ville de Prague.

2) Nous ne possédons pas les sermons de Rokytsana, mais nous avons ses *Postilles* (Commentaires et prédications pour la lecture du dimanche pendant toute l'année), qui nous permettent de nous faire une idée assez exacte de ses idées et de sa manière. Ce sont en effet de véritables sermons destinés à la lecture. Composés sous le règne de George de Podiébrad, c'est-à-dire alors que l'âge avait amené l'apaisement, ils peuvent être acceptés comme le résumé plutôt adouci de l'œuvre du prédicateur. Quelques passages avaient déjà paru dans le *Vybor literatury tcheské* (Morceaux choisis de littérature Bohême), II, p. 737-745; les fragments les plus caractéristiques ont été publiés par M. Goll, *Tchas.*, 1879. — Certains fidèles faisaient aussi des extraits des discours de Rokytsana et nous ont ainsi transmis des déclarations importantes. Goll a reproduit quelques-unes de ces notes, *Tchas.*, 1884, p. 47 et sq. Ces derniers documents ne doivent cependant être utilisés qu'avec une certaine prudence : rien ne prouve en effet que la pensée du prédicateur n'ait pas été plus ou moins altérée.

l'ascétisme légal se produisit. Les étrangers, les seigneurs, qui suivirent d'abord Sigismond[1], plus tard Ladislav, scandalisèrent Prague par la facilité de leurs mœurs ; nombre de Tchèques les imitèrent. Revanche ordinaire de la nature humaine ployée quelque temps à une discipline trop dure ; il s'y mêlait alors de plus quelque bravade : la corruption était orthodoxe et le libertinage protestait contre l'hérésie. Rokytsana se prit corps à corps avec l'impiété insolente, l'indifférence, les vices qui s'étalaient au mépris des lois. Il y apportait cette audace confiante du prédicateur, qui, représentant de Dieu sur la terre, cite à son tribunal les puissants et les serfs, les pauvres et les riches. « Ne faites vous tort à personne ? demandait-il aux barons, aux chevaliers. N'opprimez-vous personne ? Ne faites-vous violence à personne ? Ne prenez-vous jamais à tort, injustement, un denier du pauvre[2] ? » On croit par moments saisir dans ses protestations indignées contre l'oppression et les souffrances du peuple un écho des colères démocratiques qui avaient soulevé les Taborites : « Les paysans, les pauvres diables doivent porter toute la charge ; misérable, mange ton pain sec et bois de l'eau pour donner à ton maître de quoi faire ripaille. Et Dieu laisserait cela sans vengeance ! Ah, Seigneur ! Non. » Mais ces opprimés[3] sont-ils eux-mêmes si purs ? Leurs malheurs ne sont-ils pas la juste punition de leurs fautes ? et le prédicateur les fouaille à leur tour, sans pitié, avec cette injustice souveraine qui foudroie les vanités les plus vénielles comme les crimes les plus graves, cette fougue impitoyable du prêtre pour qui tout ce qui est humain est souillure[4]. Nous acceptons sans trop d'étonnement les anathèmes lancés contre la toilette, les jeux de dés, la danse, les bijoux, les bracelets, les souliers rouges, les manches qui traînent jusqu'à terre ; d'autres passages nous paraissent bien étranges et presque odieux, quand, par exemple, il menace de la colère céleste « ces mères, ces pères qui, par un amour hos-

1) Sigismond rentre à Prague au mois d'août 1436, et, dès le mois de septembre, Rokytsana prêche avec beaucoup de véhémence contre le jeu de dés, la débauche et autres péchés dont il attribue le progrès à la légèreté de la cour impériale. Tomek, *Hist. de Prague*, VI, p. 8.
2) *Tchasopis tcheského Musea*, 1879, p. 201.
3) *Id.*, p. 208.
4) Par exemple, p. 200, ses conseils à propos du mariage. Il y a là une précision de détails qui ne pourraient guère être traduits qu'en latin. — Ailleurs, des naïvetés : après une série d'attaques très vives contre les Picards, l'auteur nous dit qu'un des signes auquel on reconnaît qu'ils sont bien un mauvais parti, c'est leur intolérance, sans s'apercevoir que l'argument se retourne contre lui (p. 210.)

tial, arrangent leurs enfants, les pomponnent, avec des souliers rouges, des cols. Eh ! si une mère, après le baptême, saisissant une épée, coupait la tête à son enfant, elle lui nuirait moins qu'en l'initiant dès sa jeunesse à l'orgueil du monde; elle lui servirait au contraire en l'aidant à monter au ciel... Quel mal a fait Hérode aux enfants qu'il a massacrés, puisque par lui ils ont mérité la palme du martyre[1] ». Il est évident que l'orateur n'est plus complètement maître de lui, que sa foi le domine et l'entraîne : il y a dans ce chef de parti un tribun qui essaie en vain de se contenir. Cette lutte d'un esprit timide et d'une âme brûlante donne à ces sermons un intérêt singulier. L'orateur a l'intention d'être modéré, il cherche à se maintenir dans la doctrine orthodoxe : s'il recommande la lecture de l'Évangile, il condamne l'orgueil exclusif de ceux qui repoussent tout autre guide que l'Écriture et il proclame l'autorité des Pères, des Docteurs et de la tradition; il flétrit les mauvais prêtres, mais il proteste contre toute intention de nier l'utilité du sacerdoce; à propos du culte des saints, de la légitimité de la guerre ou de la peine de mort, il repousse de même les solutions extrêmes. « Seigneur bien-aimé, disait-il, donne-nous de trouver le milieu[2]. » Cette grâce ne lui fut pas accordée : à chaque instant chez lui le tempérament l'emporte sur la réflexion et il lui échappe des paroles qui portent plus loin qu'il ne pense et qu'il ne veut. Il dit que l'Église a perdu sa puissance parce qu'elle s'est écartée de la loi du Christ, qu'il faut faire revivre l'Évangile, peu à peu oublié par le monde et qui seul est la vérité et le salut : « Chers chrétiens, ne vous laissez pas tromper, la vérité est la vérité, et ils n'ont pas contre elle d'Écriture éternelle : s'ils en ont, qu'ils la montrent, je leur répondrai... Et, pour Dieu, ne regardez pas au nombre, à ces bandes : car toujours, depuis le commencement, dans le nombre a été la malédiction et dans le petit nombre la bénédiction. Rappelez-vous quelles armées sont accourues de Misnie et d'ailleurs pour étouffer la loi de Dieu, et toujours notre Dieu tout-puissant est intervenu et une poignée de Tchèques a vaincu ces innombrables armées[3]. » Admirables paroles, mais dont la conclusion naturelle n'est guère le respect de l'autorité régulière. — Il dit que les cérémonies et les sacre-

<hr>

1) *Tchasopis tcheského Musea*, p. 209.
2) *Tchas.*, 1881: Goll, p. 39 et p. 46-47.
3) *Tchas.*, 1879, p. 208.

ments ne servent de rien sans la transformation intérieure, que les prêtres sont tenus de ramener les coupables au bien, non seulement par des exhortations, mais par l'excommunication, que leur faiblesse et leurs vices sont la plus lourde cause de la corruption générale, qu'il est plus rare de voir un bon prêtre qu'un cerf sur le pont de Prague[1]. Est-ce ainsi qu'il prétend rendre plus général et plus profond le respect du sacerdoce? — Il trace des devoirs du chrétien un magnifique tableau : « La justice juive était : vie pour vie, œil pour œil, dent pour dent; la justice chrétienne est plus pure : elle ne rend pas le mal pour le mal ni l'injure pour l'injure... Dieu a commandé de remettre la vengeance entre ses mains; beaucoup d'entre vous se vengent jusqu'à la mort, ordonnent de faire exécuter celui-là, pendre, brûler, écarteler, rouer; n'imitez pas cet exemple. Vous pouvez comprendre par là quel est le véritable chrétien, celui qui aime non seulement ses amis, mais ses ennemis, ses adversaires, ceux qui l'injurient et le raillent, celui qui fait l'aumône, mais non par ostentation, celui qui prie tout seul, caché dans sa chambre, celui qui jeûne volontiers, sans effort. Celui-là est un fidèle serviteur et un chrétien fidèle : ils vivent dans le silence et le monde ne les connaît pas[2].» De quel droit prétendra-t-il ensuite condamner ceux qui *vivaient dans le silence* et ne demandaient au monde que de ne pas les connaître? Quelques années plus tard, les premiers membres de l'Unité bohème éprouvèrent quelque scandale quand il refusa de se mettre à leur tête, de se retirer avec eux loin des troubles et des vices de la terre; ils ressentirent de la colère et de la douleur quand ils le trouvèrent un jour parmi leurs persécuteurs; ils l'accusèrent de se laisser dominer par les circonstances, d'avoir attaqué l'Église quand il se croyait menacé par elle et d'oublier ses paroles maintenant qu'il n'avait plus rien à craindre de Rome. Accusations injustes : rien ne se concilie moins avec le caractère de l'archevêque utraquiste que cette longue dissimulation dont on le soupçonnait : seulement, si quelques-uns de ses auditeurs avaient tiré de ses paroles des conclusions devant lesquelles il reculait, la faute en était-elle à eux seuls? S'ils n'avaient pas toujours aperçu sous l'image exubérante la doctrine modérée et la croyance permanente sous l'enthousiasme momentané, le prédicateur n'avait-il

1) *Loc. cit.* — Cp. encore l'interrogatoire du prêtre Martin par Rokyts. *Tchas,* 1884: Goll, p. 455-456.

2) *Tchas.,* 1879, p. 209 et 210.

pas quelque imprudence à se reprocher[1] ? Pour montrer les effets funestes des divisions religieuses, il comparait volontiers l'Église à une voiture à laquelle on aurait attelé un cheval par devant et un cheval par derrière : chacun d'eux tira de son mieux, mais la voiture n'avance pas. On retourna plus tard spirituellement l'image contre lui. Il s'élançait à chaque instant vers les opinions les plus radicales, mais ce n'étaient jamais que de faux départs; le lien qui le tenait attaché à l'Église catholique était solide, malheureusement on ne l'apercevait pas toujours. On l'a souvent remarqué d'ailleurs : ce qui agit, c'est l'homme lui-même, bien plus que ses opinions. Cet auditoire, préparé par tant de discussions et de combats, surchauffé, accueillait avec avidité les violences et les hardiesses. Rokytsana s'étonna plus encore qu'il ne s'indigna des conséquences qu'on tira de ses prédications, il chercha à calmer l'émotion produite, mais la parole lancée ne se reprend pas. Cet utraquiste timoré, qui avait tremblé toute sa vie à la pensée de tomber dans l'hérésie, se trouva avoir couvé une des sectes les plus hardies et les plus étrangères à toute superstition du passé qui soient jamais sorties du christianisme !

« Eh bien, Chrétiens, disait-il, ces discours agissent-ils sur vous? Je réponds : non. Il en est de ce peuple comme d'un âne : joue du luth à un âne, il entend, mais il n'en éprouve aucun plaisir. Ainsi ce peuple entend la parole de Dieu, mais cela ne produit sur lui aucun effet. » Tous cependant ne restaient pas indifférents à ses exhortations, et il se forma bientôt autour de sa chaire un groupe d'auditeurs attentifs, persévérants, préoccupés de leur salut et décidés à le mériter par leur bonne volonté et leurs efforts. Le plus pieux, le plus remarquable aussi de ces auditeurs, était le neveu de Rokytsana, Grégoire[1], le véritable fondateur de l'Unité.

---

1) Un exemple, sans grande importance en lui-même, me paraît donner une idée assez juste de l'intempérance de langage de l'archevêque et du malentendu qui en résulta entre ses auditeurs et lui. — Lors de la persécution contre les Frères, on reproche à un de leurs prêtres, Martin, de ne pas se prosterner devant l'Eucharistie et de ne pas adorer les saintes espèces. « Le maître n'a-t-il pas dit, ne dit-il pas encore peut-être que le meilleur moyen d'honorer le corps du Sauveur est de recevoir dignement la communion », répond Martin en se tournant vers Rokytsana, et il lui rappelle les expressions dont il s'est servi : l'obéissance est la meilleure adoration. — L'archevêque ne nie pas ses paroles, il se contente de les expliquer : elles n'ont pas la valeur que Martin leur attribue, il n'a jamais entendu s'élever contre l'adoration du Saint Sacrement. Elle a moins de prix devant Dieu qu'une communion reçue dignement, mais ce n'est pas une raison pour la négliger. « Si j'ai dans ma bourse de l'or,

D'une famille sans fortune, mais noble, avec une instruction
assez étendue, Grégoire n'avait jamais été tenté par les joies et
les ambitions terrestres. Non pas que la décision lui manquât ou
qu'il fût inhabile à manier les hommes ; on s'en aperçut bien
pendant les années de persécution. Indifférent aux fatigues et aux
périls, il suffit alors à toutes les tâches : à la fois polémiste, prédicateur, administrateur, il a le zèle et la foi d'un apôtre ; il est le
lien vivant qui relient ensemble les groupes de fidèles dispersés
dans la Bohème entière. Il sauve alors l'Unité, non pour jouer
au chef de parti, mais par devoir, sans jamais réclamer d'autre
privilège que celui du sacrifice et du dévouement. Les époques
d'exaltation religieuse produisent de ces âmes à la fois ardentes
et timides, que le danger n'épouvante pas, mais le succès, éprises
uniquement de pureté et de justice. Il s'inquiétait peu du dogme,
se défiait de la métaphysique et des métaphysiciens, mais il avait
faim et soif de Jésus-Christ. Lorsque, quelques années plus tôt,
Prjibram avait voulu donner à l'Utraquisme un clergé régulier,
Grégoire avait répondu avec empressement à son appel, s'était
précipité dans le monastère slave qu'il avait fondé comme dans
un refuge qui s'ouvrait devant lui. Autour de lui, peut-être dans
ce même cloître slave, se réunissait la poignée de fidèles, qui,
troublés jusqu'au plus profond de leurs cœurs par la pensée de
leur misère, voulaient essayer d'accomplir l'idéal que leur proposait l'archevêque.

Les relations entre Rokytsana et ses auditeurs devinrent bientôt assez intimes ; il se forma entre le maître et les disciples une
amitié tendre et confiante (1453). Ils lui demandaient des
conseils plus précis, une direction plus immédiate. Une terreur
surtout les obsédait : le mauvais prêtre ne perd-il pas par ses
péchés les pouvoirs que lui a conférés l'ordination ? Évitez les
prêtres faux et perfides, avait dit l'archevêque, mais demande
ceux qui sont fidèles et allez vers eux recevoir la parole de Dieu»
Si les actes religieux accomplis par les prêtres indignes n'ont
aucune valeur devant Dieu, ne risque-t-on pas, en leur restant

de l'argent et de la monnaie, jetterai-je ceux-ci parce qu'ils sont moins précieux
que l'or ? » Martin ne se déclara pas convaincu. — Quel est le coupable ?
Celui qui, dans des sujets aussi délicats, se sert d'une comparaison dangereuse,
ou celui qui l'accepte dans son sens apparent et absolu ? — Les Frères se sont
attachés à la lettre des discours de Rokycana, mais celui-ci n'aurait-il pas dû
prévoir qu'il pouvait en être ainsi ?
  1) Sur Grégoire, comp. Palatsky, *Gesch. von Bœhmen*, IV, I, p. 484 ; Gindely,
I, p. 21 ; Hretchek, *Rukovièt*, II, 164 ; et Goll, *Tchas.*, 1884, p. 156-159 et p. 167-
169.

fidèles, de se mettre en quelque sorte hors de l'Église? Rokytsana, tout en penchant en somme vers la doctrine catholique,
l'indélébilité du sacerdoce, avait pitié de leurs craintes · il les engagea à se mettre à la recherche d'un directeur dont la conduite
leur parût une garantie suffisante. Dans ce désir, ils parcou-
rurent le pays, « saisis de cette humeur inquiète si fréquente au
début des mouvements religieux[1] », s'attachant tour à tour aux
prêtres les plus renommés pour leur piété ou leurs vertus, repris
bientôt d'incertitudes et de doutes, blessés dans leur foi ou dans
leur conscience morale, sans trouver nulle part la paix et le
calme[2]. Leur enthousiasme, malgré tout, se doublait d'une sorte
de réserve, de modération, de bon sens; les excès d'une piété
peu éclairée leur causaient quelque indignation; leur déception
fut cruelle ainsi, quand ils pénétrèrent dans une des communautés pieuses les plus renommées en Bohème à cette époque,
les Frères de Vilemov[3]. Ils tombèrent au milieu de fanatiques,
poussant presque jusqu'à la folie ce culte de l'Eucharistie qui
depuis près d'un siècle possédait tout le pays, convaincus que
la communion efface les péchés, même sans repentir, et guérit
les maux du corps comme ceux de l'âme. Ému de leur découragement, Rokytsana eut l'idée de les mettre en relations avec
un homme dont l'avaient éloigné les événements et dont il était
séparé pas de profondes divergences, mais pour lequel il avait
conservé une profonde estime, Pierre Cheltchitsky. Rokytsana est
le père involontaire et repentant de l'Unité, et Grégoire en est
l'organisateur, mais Cheltchitsky en est le théoricien. Les auditeurs de Rokytsana n'avaient guère encore que des aspirations,
ils allaient trouver à Cheltchitse une doctrine, c'est-à-dire la condition indispensable de développement et de durée pour toute
société religieuse. Ainsi se constitue le noyau central qui se
grossit ensuite plus ou moins rapidement des mécontents, des
mystiques, des désabusés de la force et de la raison, de tous
ceux en un mot que ne satisfont pas l'Église et l'État officiels et
qui demanderont à la secte nouvelle apaisement, consolation et
espérance.

1) Goll, *Tchas.*, 1884, p. 40.
2) Il y a un tableau très intéressant de ces courses, de ces recherches et de
ces tristesses dans un traité de polémique fort important publié contre les
Frères au xve siècle. Il est intitulé: *Défense de la foi contre les Picards.*
(*Tchas.*, 1884, p. 53.)
3) Probablement en 1454 ou 1455.

II

Peu d'hommes ont donné lieu à autant de travaux et de controverses que Cheltchitsky. Épreuve redoutable que ces examens répétés et ces polémiques : il en est sorti plus grand. A mesure qu'on le connaît mieux, on se prend pour lui d'une sorte de vénération attendrie. Chez lui, tout parle au cœur, parce que tout vient du cœur, la doctrine comme l'éloquence. Voilà un paysan qui, sans intrigues, sans prétentions scientifiques, sans phrases, fonde une Église qui, un moment, semble sur le point de conquérir la Bohême entière et traverse sans y périr des siècles de persécution. En vertu de quelle puissance mystérieuse? Par la force d'une âme pure. Ce qu'il y a de réellement supérieur en lui, c'est la simplicité absolue, l'oubli de toute considération extérieure, l'absence de réflexion et d'amour-propre. Chez personne, le dédain de la terre n'a été plus complet ni plus sincère. En 1521, on imprima l'ouvrage la plus connu de Cheltchitsky, le *Filet de la Foi :* « Ce livre, disent les éditeurs dans leur préface, a été composé par un homme respectable et honorable, plein de confiance en Dieu et richement pourvu des dons du Sauveur et de la sagesse de l'esprit saint. » Il avait écrit « beaucoup d'autres livres, et quiconque les lira, se convaincra que Dieu n'avait pas oublié nos ancêtres, mais qu'il avait placé en eux son esprit et les en avait remplis. » C'est bien ainsi que nous apparaît Cheltchitsky : *rempli de Dieu;* tout ce qui est humain, institutions politiques ou ecclésiastiques, traditions séculaires, doctrines philosophiques, il l'écarte sans pitié ; il n'a qu'un but : accomplir la loi du Christ. Les yeux fixés sur le maître, il traverse les événements les plus tragiques sans en être affecté, les systèmes les plus réguliers sans en être ébloui. A une époque où les haines d'écoles sont si atroces, il combat tous les partis, sans perdre leur affection et leur estime[1]; ils devinent en lui quelque chose de supérieur à leurs querelles mesquines, sentent passer le souffle divin et s'inclinent. Dans un siècle où tant de systèmes sont éclos,

___

[1] Cette estime ressort clairement des efforts que font pour l'attirer les divers partis ; l'amitié paraît même survivre à la rupture définitive. Chose curieuse, la seule note discordante est un acte d'accusation lancé contre lui par un frère bohême (1521). Mais Lukas, qui est toujours un témoin assez suspect, fait ici œuvre de polémique, et son récit, qu'il ne présente d'ailleurs qu'avec des réserves, n'a aucune autorité.

il réussit à être original sans invention : il emprunte ses idées un peu partout, mais l'importance relative qu'il leur attribue, les conséquences qu'il en tire, l'expression qu'il leur donne, leur créent une valeur et comme un sens nouveaux. Ses vues semblent quelquefois si modernes, les solutions qu'il propose répondent si bien par moment à nos habitudes actuelles, qu'on est tenté de voir en lui un révolutionnaire. Pourquoi pas? à condition de ne pas oublier que son inspiration et sa nature ont leurs racines en plein moyen âge. Après tout, les questions ne changent guère, les formules seules varient; sous des costumes différents, le fonds humain demeure, tourmenté des mêmes besoins, hanté des mêmes rêves. Ce qu'on appelle de nos jours un révolutionnaire, s'appelait au moyen âge un saint.

Les renseignements que nous possédons sur la biographie de Pierre Cheltchitsky sont fort incomplets : nous ignorons jusqu'à la date de sa naissance et à celle de sa mort[1]. Il naquit, probablement dans les dernières années du xive siècle, à Cheltchitse, petit village tout près de Vodgnan, non loin de l'endroit où, quelque vingt ans plus tard, s'éleva la ville de Tabor. Il vint à Prague, sans doute pour prendre part au mouvement religieux qui passionnait alors les esprits, et trouva un accueil bienveillant auprès des maîtres et des prédicateurs; ils répondaient à ses questions, le guidaient dans ses recherches, lui faisaient même des extraits (en tchèque), des ouvrages que son ignorance du latin[2] ne lui permettait pas de lire dans l'original. Heureuse ignorance : grâce à elle, il ne connut pas le terrible joug de la scolastique, le poids de cette philosophie subtile et compliquée que trainaient toute leur vie ceux qui avaient passé par l'école. Ses écrits portent sans doute quelquefois la marque de l'époque : il raisonne volontiers à coups de citations, multiplie les divisions, les distinctions : mais la contagion n'a été qu'indirecte, elle n'a

1) Il me semble assez inutile d'entrer dans la discussion des points controversés de la biographie de Cheltchitsky. On a prétendu longtemps qu'il avait été cordonnier, c'est une légende qui repose sur une sotte méprise de l'inquisiteur Henricus Institoris. Il parait très probable qu'il ne reçut pas les ordres. Sur la vie et la doctrine de Cheltchitsky, nous avons déjà cité l'etude magistrale de Goll dans les *Quellen und Untersuchungen*, II ; il faut y ajouter un article de 1881, dans le *Tchas. Tch. M.* fort important surtout pour la biographie et la bibliographie. Cp. encore Iiretchek, Rukoviét, et Safarjik, *Tchas. Tch. M.*, 1874, p. 98). M. Schulz a publié sur le fondateur de l'Unité dans la *Osviéta* (1871) un travail éloquent et animé qui m'a été fort utile, surtout à cause des nombreux extraits des œuvres de Cheltchitsky qui y sont joints.

2) Il apprit peut-être un peu de latin à Prague, mais il ne le sut jamais complètement.

pas atteint la nature intime : les règles qu'il s'est imposées le fatiguent vite, il s'abandonne à sa verve, brise le plan tracé, ne menant plus ses idées, mais mené par elles, se perdant au milieu des digressions, mais soutenu par son inspiration, tour à tour simple et coloré, brutal et tendre, toujours sincère et toujours imprévu. La plupart des théologiens tchèques, habitués à penser en latin, éprouvaient quelque difficulté à écrire en bohême, et leur style, trainant, embarrassé, alourdi et obscurci d'éléments étrangers, trahissait la recherche et l'effort. La langue de Cheltchitsky est pure de tout alliage ; c'est celle du peuple, au milieu duquel il a toujours vécu ; elle est quelquefois un peu diffuse, la période se déroule et s'allonge, l'auteur lutte contre un instrument encore imparfait, mais l'idée jaillit enfin comme frémissante, et l'impression est d'autant plus forte qu'elle était moins prévue et moins cherchée.

Il eût été bien difficile aussi à Cheltchitsky, s'il eût passé par l'Université, de ne pas subir l'action prépondérante d'un maître et d'un système. Auditeur et non disciple, il a gardé intacte sa liberté : il cite, à côté de Jean Huss, ses adversaires, Étienne Paletch, Protiva, Stanislas de Znaym. Il reste toute sa vie isolé au milieu des divers partis, séparé des modérés par leur timidité et le respect superstitieux qu'ils conservent pour l'Église catholique, éloigné des Taborites par leur explication du mystère de l'Eucharistie et, plus encore, par leur fanatisme belliqueux. Rien ne lui était plus odieux ; dès 1419, il s'était prononcé contre la légitimité de la guerre, au nom de la parole de Jésus : tu ne tueras point ; les docteurs ayant déclaré qu'on a le droit de défendre par la force la vérité menacée, il les avait flétris du nom de meurtriers. Sa voix s'était perdue au milieu du tumulte des armes et il s'était réfugié dans la retraite et la méditation. Quinze ans plus tard, lorsque les Compactats viennent d'être signés, à l'heure où les convictions les plus fermes hésitent, où les courages les mieux trempés sont brisés et prêts à toutes les concessions, il sort de son silence pour protester contre un lâche abandon et une résignation impie. Comme il avait prêché la paix à ce peuple affolé de violence, il crie à ces populations assoiées de repos : rien n'est fait, tout est à recommencer. Il n'appartient pas à une âme vulgaire de se mettre ainsi au travers d'un élan général.

Une grande faute a été commise quand on a voulu faire triompher par l'épée la loi divine. « La guerre a duré quinze ans avec de grandes pertes et d'horribles malheurs. » Que de victimes ! Que de villages en cendres ! Et encore ces pertes matérielles ne sont rien auprès des ruines morales, de la perdition des âmes égarées dans l'obscurité et la confusion des sectes. « Les faux prophètes ont divisé la nation par leurs doctrines diverses : le peuple s'est soulevé contre lui-même, l'amour est mort et la haine a éclaté entre les Chrétiens. De ce désordre sont nés pour beaucoup le doute, l'épouvante et par suite les plus terribles tourments, car les tourments et les tortures matérielles ne sont rien auprès de cette incertitude dans la foi; personne ne sait plus ce qu'il faut croire : un prêtre a une doctrine et un autre en a une autre[1]. » L'Antechrist relève la tête, les pasteurs du peuple oublient leur mission, mais le véritable disciple de Jésus ne ressent ni fatigue ni désespoir et il ne déserte pas son devoir. Pour apporter à tous la bonne parole et venir au secours de ceux que négligent leurs instituteurs naturels, Cheltchitsky écrit ses *Postilla* qui renferment déjà en germe tout son système, tel qu'il l'expose plus complètement dans son œuvre la plus connue, le *Filet de la Vraie foi*[2].

Dieu, pour racheter les hommes, leur a envoyé son Fils, et les regards du chrétien doivent être sans cesse tournés vers ce modèle et ce maître. Jésus est le médiateur nécessaire entre Dieu et l'homme. Cheltchitsky aborde ici avec plus de sincérité et de courage que de précision le redoutable problème de la renaissance de l'homme par la grâce, du mérite personnel et de l'intervention divine. Il se livre sur ce point dans son âme une lutte douloureuse. La parole du Christ est si formelle, la parabole de la vigne et des ouvriers si claire : il y revient plusieurs fois, se prosterne devant la grâce. Mais sa volonté de soumission n'étouffe pas en lui un secret murmure et comme une protestation de son sens pratique et de son culte pour la vertu. Avec quelle autorité prêchera-t-on l'effort vers le bien, si on commence par proclamer la vanité de toute œuvre humaine ? Cheltchitsky repousse cepen-

---

1) Cheltch., *Postilla*. Cité par Schulz (*Osviéta*, 1875, p. 150).

2) Les *Postilles* ont été composées de 1435 à 1443, le *Filet de la Foi* pendant l'interrègne qui suivit la mort d'Albert d'Autriche (1439). Les hommes sont perdus dans l'obscurité de l'ignorance et du péché comme les poissons dans la mer; ils sont ramenés à la lumière par le filet de la foi. Malheureusement deux baleines sont entrées dans ce filet, le pape et l'empereur ; ils l'ont déchiré et depuis lors le mal règne sur la terre. Les principaux ouvrages de Cheltchitsky sont ensuite: *Discours sur la passion de Jésus d'après l'apôtre Jean,* très important pour la connaissance de sa doctrine sur la grâce) ; *la Bête de l'Apocalypse ; les Bandes bohèmes,* etc.

dant toute transaction et toute réticence : Jésus nous a apporté la vérité absolue et complète, et cette vérité, il l'a consignée dans son Évangile : là et là seulement est la lumière et la vie. Quiconque s'en écarte, de quelque manière que ce soit, tombe dans l'erreur et le péché. Il est absurde de parler de développement et de progrès dans l'Église; nos seuls guides, nos seuls maîtres sont les disciples immédiats du Crucifié, ceux qui ont reçu son enseignement de sa bouche ou de la bouche de ses apôtres[1]. En vain notre pauvre raison se trouble, inclinons-nous devant les promesses de celui qui est mort pour nous. Nous étions perdus, son sacrifice nous a rachetés; son sang répandu nous a lavés de l'éternelle condamnation; par nous-mêmes nous ne pouvons nous arracher au mal et à la damnation. « Ni un long ni un court travail ne pourraient mériter le royaume céleste, tu ne saurais l'obtenir que par la grâce de Dieu. » A peine cependant Cheltchitsky a-t-il ainsi écrasé la misère humaine devant la miséricorde divine, qu'il se hâte de faire une part à la volonté et aux œuvres, et aussi large que possible. L'Église catholique, qui possède à un degré si éminent l'intelligence des nécessités pratiques, avait été amenée de même à reculer de plus en plus dans la pénombre du mystère la justification par la foi : elle la reconnaissait, mais platoniquement. Tout en insistant sur la nécessité de croire fermement au salut par la grâce, Cheltchitsky proteste contre l'abandon moral, la résignation fataliste, l'attente résignée; la prédestination s'adoucit et s'atténue presque jusqu'à disparaître. Bien rares sont ceux qui sont sauvés par la foi sans les œuvres; les œuvres ne sont rien sans la foi, mais il ne nous est pas interdit de travailler directement à mériter l'élection divine. Si nous sommes remplis de la foi vivante et de l'amour de Dieu et si, dans cette foi et dans cet amour, nous luttons contre Satan et triomphons de la chair, le Seigneur nous en tiendra compte. Malheur à ceux qui murmurent, c'est-à-dire à ceux qui placent

[1] « Toutes choses ont été données au Christ par son père, c'est-à-dire toute puissance pour accorder leur salut complet à ceux qui croient en lui, sans qu'ils aient besoin de chercher ailleurs hors de lui, dans les hommes et dans les choses. Qui cherche le salut ailleurs, ne le trouvera pas. Il n'est ni dans le pape, ni dans sa puissance, ni dans ses institutions, ni dans les évêques, ni dans leurs chevaux : car fausse est leur puissance, fausses leurs institutions, faux est le grand nombre de leurs chevaux pour le salut. Christ seul est la vérité pour le salut de tous ceux qui croient en lui. » (*Osvièta*, 1875, p. 299.) « Que personne ne craigne ses grands et nombreux péchés, s'il a de la bonne volonté et s'il croit qu'on a ouvert une source de grâce si généreusement que le monde entier pourrait s'y laver de toutes les impuretés qui le souillent. » (Vybor, II p. 613.)

toute leur confiance dans leur propre justice : leur orgueil sera châtié ; mais si le véritable et solide gage de notre rédemption est la libre bonté du Seigneur qui crée l'un sans péché et purifie l'autre par sa grâce, il faut que nous travaillions à mériter son choix par nos efforts et notre repentir[1].

Ce médiateur cependant, qui a souffert et qui est mort pour nous, l'Église, qui se dit son épouse, l'a oublié et rejeté. Que n'a-t-elle pas mis à sa place ? La Vierge Marie, les saints dont le rôle et le nombre grandissent chaque jour. On a trouvé pour chacun d'eux une spécialité : personne ne vaut sainte Apollonie pour les rages de dents ; sainte Barbara guérit les maladies d'yeux, et saint Valentin le haut mal. Vous souffrez : ce n'est rien ; pour chaque cas, voilà un saint qui vous soulage, qui vous délivre, qui vous délivre surtout de l'ennui de tourner vos regards vers le Sauveur[2]. C'est à eux qu'on vous renvoie aussi pour obtenir votre salut. O prêtres de l'Antechrist, n'est-il donc pas écrit : Tu adoreras le Seigneur ton Dieu, et tu le serviras lui seul ? Au Fils de Dieu a été donné tout pouvoir pour séparer les bons des méchants. Qui cherche le salut hors de lui, ne le trouvera pas. « Quand la mère de Dieu avec tous les apôtres et tout l'empire céleste prieraient pour les pécheurs qui se sont détournés de la parole sainte, Dieu ne les entendrait pas[3]. »

Et partout cette parole sainte est remplacée par les inventions des hommes. Est-ce l'Évangile qui parle du purgatoire, des messes pour les morts ? Ta foi te sauvera, a dit Jésus, ta foi et non celle d'un étranger[4]. Toutes ces inventions ne sont pas mauvaises en elles-mêmes, mais elles détournent l'attention des fidèles de ce qui est réellement utile, le progrès moral, la foi active. Les sacrements, même ceux que Christ a institués, n'ont pas ainsi une action absolue, mystérieuse, indépendante de toute volonté : « Ils augmentent la grâce de Dieu, mais ils supposent qu'elle existait déjà chez celui qui les reçoit : sans l'élection divine,

1) Voy. sur cette partie, Goll, *Quellen*, II, p. 29, 31. Les extraits que donne Schulz me paraissent résumer assez exactement l'opinion de Cheltchitsky : « Si Dieu nous sauve, il ne le fait pas pour nos œuvres et notre justice, mais en vertu de sa miséricorde infinie. Ni par un long ni par un court travail personne ne mériterait le royaume des cieux, si Dieu dans sa bonté ne le donnait. Mais nous pouvons avoir accessoirement quelque mérite, si, pleins d'amour et d'une foi vivante, nous puisons des forces dans cet amour et dans cette foi. Luttons contre le monde, le corps et le diable, et remplissons ainsi la volonté de Dieu. Personne ne peut mériter complètement le salut. » (*Osviéta*, 1875, p. 302.)
2) *Osviéta*, 1875, p. 378.
3) *Osviéta*, p. 374.
4) *Osviéta*, p. 376-77.

sans la renaissance produite par la grâce, ils sont sans profit[1]. »
C'est en vain que vous mangerez et que vous boirez le corps
et le sang du Sauveur avec le pain de l'hostie et le vin du calice,
si vous n'avez pas la foi, l'espérance et la charité, vous n'aurez
pas la vie éternelle[2].

Cheltchitsky a des opinions très précises et très fermes : appuyé
sur l'Évangile, il n'admet ni transaction ni concession, même
sur les questions secondaires, mais il blâme l'intolérance qui
prodigue l'anathème et la mort, il n'admet pas que l'on ait
recours à la violence pour assurer le triomphe de la vérité :
« Ne livrez à la damnation ni vivant ni mort, car le jugement
appartient à Dieu seul. Vous ne savez pas ce que Dieu a décidé
pour les morts ni quelles sont ses intentions pour ceux qui vivent
encore. Il ne faut désespérer de personne[3]. » C'est qu'il est plus
chrétien que théologien, et que chez lui les préoccupations dogmatiques passent au second plan : lisons l'Écriture en toute
simplicité d'âme et remettons-nous entre les mains de Celui qui
est mort pour nous, en nous efforçant de mériter sa pitié par
notre foi active et confiante. Un cœur pieux, une vie pure, voilà
ce qui plait au Seigneur, et non une casuistique savante. Par
là Cheltchitsky est bien un continuateur de Militch, de Ianov, de
Chtitny, de Huss : en dépit de toutes les divergences qui le séparent des maitres bohémes du XVᵉ siècle, il a sa place marquée
au milieu d'eux : comme eux, il a par-dessus tout le désir de
ramener les coupables au bien, la même ardeur de rénovation
morale le brûle ; seulement l'énergie bruyante et les illusions
radieuses des révolutions qui commencent et qui animaient les
ouvriers de la première heure, il ne les a plus ; elles ont fait
place à la fatigue et au dégoût. Tous ceux qui ont entrepris de

---

1) Goll, *Quellen*, II, p. 32.

2) Cheltchitsky n'admet à proprement parler que deux sacrements. Les autres
sont des coutumes qui, dégagées des complications inutiles dont on les a
chargées, peuvent être utiles. La confession n'est pas nécessaire et elle peut être
reçue par un laïque. Il vaudrait mieux ne baptiser que les adultes. (Goll,
Quellen, II, p. 32.) La doctrine de Cheltchitsky sur l'Eucharistie a donné lieu à
de nombreuses discussions. On a admis pendant longtemps que Cheltchitsky et
les Frères niaient la présence réelle. M. Goll a démontré d'une façon absolument incontestable que c'était une erreur absolue. Le grand reproche qu'il
adressait aux taborites était précisément de ne pas croire à cette présence
réelle ; il conteste le droit de consacrer aux prêtres qui ne croient pas à la
présence réelle. L'erreur est venue de ce que Cheltchitsky ne croit pas à la
transsubstantiation ; l'apôtre a dit : le pain que nous rompons ; pourquoi ne pas
croire l'apôtre plus que Thomas ou Scott ? — C'est la doctrine de Wiclif (*re-
manentia panis*). V. les documents publiés par Goll (II, p. 69-71). Sur les sacrements (p. 75-82).

3) *Osvièta*, 1875, p. 383.

convertir le monde ont été vaincus par lui; leur projet était absurde : quel accord est possible entre le monde et Jésus ? Il n'y a de salut pour le chrétien que s'il s'arrache à ses pièges et se retire loin de lui. Ces paroles ont bien souvent déjà retenti au moyen âge : que de prédicateurs ont déjà répété que le serviteur de Dieu doit avoir mépris et horreur de la terre, que le renoncement et la pauvreté sont les conditions nécessaires du salut, qu'il est plus difficile aux puissants et aux riches d'entrer dans le royaume des cieux qu'à un chameau de passer par le trou d'une aiguille. Ces doctrines sont si directement fondées sur l'Évangile et elles répondent si bien à certains côtés mystérieux de l'âme humaine que l'Église catholique s'était appliquée à ne pas les heurter de front, avait cherché seulement à les réglementer, à les tourner à son profit, sans réussir toujours à supprimer ce qu'il y avait là de dangereux pour elle et pour la société. Jamais cependant, il me semble, avant Cheltchitsky, la théorie de l'opposition absolue, radicale, irréconciliable, entre le monde et le christianisme, n'avait été développée avec autant de rigueur et poussée à ses plus extrêmes conséquences.

Que demande à l'homme le christianisme? la bonne volonté. Qu'entend-on par vertu, par mérite ? le libre effort de notre âme uniquement animée par l'amour de Dieu. Quiconque fait le bien par force, pour obéir à la loi, par crainte du châtiment, n'est-pas vertueux et n'a droit à aucune récompense. Sur quoi est fondé cependant l'État? Sur la contrainte, sur la force, sur la violence, c'est-à-dire sur un principe directement opposé à celui du christianisme. L'Église officielle, qui n'est qu'une forme de l'État, implique la négation même de l'idée de vertu. Le jour où il n'y aurait plus ici-bas que de vrais chrétiens, animés les uns vis-à-vis des autres d'un esprit de justice et de charité, l'Église et l'État cesseraient d'exister : mais, tant que le mal et le péché règnent, et ils régneront toujours[1], l'État ne saurait être supprimé; c'est un mal nécessaire. Né du besoin de contenir les passions mauvaises et violentes, il empêche les guerres incessantes et les crimes qui aboutiraient rapidement à la disparition complète [de l'espèce humaine. Il a encore une autre utilité : le joug qu'il fait peser sur les chrétiens leur rappelle à chaque instant que leur destinée ne s'accomplit pas ici-bas : les persécutions

---

1) Cheltchitsky ne croit pas que le bien et la vertu doivent jamais posséder la terre : tout au plus les disciples fidèles du Christ deviendront-ils un peu plus nombreux.

sont un avertissement salutaire et une purification[1]. Les fidèles n'ont rien de plus à demander à l'État que cette protection indirecte et toujours menaçante ; qu'ils prennent pour modèle ces communautés de croyants qui vivaient dans l'empire romain sans se mêler aux païens. Soumis aux magistrats, quelquefois tolérés, le plus souvent proscrits, ils ne jouaient aucun rôle public, ne détenaient aucune parcelle de l'autorité, supportaient sans se plaindre les charges dont on les accablait, souffraient et mouraient sans colère et sans révolte. Tout a été compromis lorsque, sous Constantin, l'État est devenu nominalement chrétien : en réalité l'Église s'est livrée au monde. La bête trône, adorée, à la place du divin maitre. « L'Église primitive, stupide, célébrait le service divin sans ornements, sans autels, sans édifices, sans autre prière qu'un *pater* : parlez moi de l'Église nouvelle. En voilà une qui sait honorer Dieu ! Elle a entassé des pierres, élevé des autels et de magnifiques cathédrales, inventé des ornements splendides, développé les chants et les prières dans les messes : elle s'est arrangée de manière à assurer à Dieu le culte somptueux qu'il mérite, car chacun sent bien qu'il ne veut pas être honoré autrement et qu'il est froissé quand on ne brûle pas beaucoup de cire et que les murs ne sont pas richement décorés. » Les ministres de Dieu ne manquent pas ; ils ont des manteaux éclatants, de hautes mitres et de gros ventres ; ils chantent le Seigneur sur tous les tons, mais leur bouche seule le loue, leur cœur est loin de lui[2]. Ils se réclament du Nouveau-Testament, mais leur seule loi est celle qu'ils font eux-mêmes. Le concile de Bâle n'a-t-il pas osé déclarer que, même si la communion sous les deux espèces avait été établie par Jésus, l'Église ne serait pas liée pour cela[3]. L'Antechrist, fier de ses cardinaux, de ses évêques, de ses princes, de ses seigneurs, de ses soldats, ne dissimule même plus ses projets : Dieu est condamné, ses lois violées, ses confesseurs jetés en prison, excommuniés et brûlés.

Qui sont-ils donc, ces hommes qui mettent ainsi leur propre volonté à la place de celle du Sauveur ? Partout le scandale et la honte. « L'Église romaine est rongée par l'orgueil depuis le pape jusqu'au sonneur[4]. » La simonie s'étale. Les prêtres n'ont qu'un

---

1) Goll. *Tchas.*, 1881, p. 32. Cheltchitsky, réplique à Rockitsana, publiée par Goll. (*Quellen*, II, p. 93.)
2) *Postilles*, dans le *Vybor*, II, p. 624.
3) Réplique à Rokytsana. (Goll, *Quellen*, II, 87.)
4) *Osviéta*, p. 371.

souci : s'enrichir et jouir. Vous ne pouvez mériter par vos œuvres la clémence céleste, disent-ils au peuple ; heureusement, nous sommes là : vous participerez à nos messes, à nos jeûnes, à nos prières ; ne vous inquiétez de rien que de remplir notre bourse. D'une ignorance crasse, perdus de mœurs, dominés par la fièvre de l'argent et des plaisirs, il en est qui ne seraient pas dignes qu'on leur confiât la garde des pourceaux, et ils ont charge d'âmes[1]. Et les moines, beaux saints vraiment, qui ne daignent pas se contenter de la règle que le Sauveur a donnée à tous les hommes, et qui cachent leur cupidité et leurs débordements sous le manteau du sacrifice et de la pauvreté. Les docteurs sont fiers de leur science, mais la science qui se détourne de la vérité n'est qu'un instrument de mort et de damnation. Que dire du chef de ces impies! le pape, qui, dans son insolence impudente, s'attribue le pouvoir absolu de lier et de délier. La colère de Dieu s'abattra, terrible, sur tous ceux qui se sont élevés contre la vérité. « Tremblez, papes couronnés, évêques, archevêques, vous tous qui combattez hypocritement Jésus, voulez étouffer sa loi et régner dans la tranquillité et les plaisirs. Tremblez, vous tous, les principaux ennemis de la croix, qui raillez la vie pauvre et humble du fils de Dieu et ne croyez pas à sa parole[2]. »

La société civile n'est pas moins atteinte par la corruption que l'Église. Les pages dans lesquelles Cheltchitsky nous décrit les souffrances des pauvres et des serfs, l'injustice des seigneurs, sont au nombre des plus éloquentes qu'il ait laissées. Il est né au milieu des paysans ; il a vécu de leur vie de longues années : son âme droite et tendre crie d'indignation au souvenir de ce qu'il a vu partout autour de lui. Sa déposition, trop émue pour être déclamatoire, nous touche parce que nous la sentons sincère, que sous la phrase biblique nous apercevons le fait réel, la suppression des anciennes libertés, les empiètements de la noblesse, le paysan puni de ses révoltes par une servitude plus lourde. Les plantes, nous dit-il, résolurent un jour de se donner un roi ; elles offrirent la couronne d'abord à l'olivier, puis au figuier et à la vigne, qui la refusèrent. Elles s'adressèrent enfin au chardon qui accepta. « Puisque vous m'avez élu roi, leur dit-il alors, vous sentirez que je suis votre maître : je vous gouvernerai si bien que peu d'entre vous garderont intacte leur écorce. »

1) *Osviéta*, p. 376.
2) *Osviéta*, p. 304.

Pauvres plantes, malheureux paysans qu'on écorce comme un tilleul. Racle, racle, dit celui-ci; le paysan est comme le saule qui vit au bord de l'eau, il se guérit vite. — Mais pourquoi donc pas, reprend un autre, tout reluisant de graisse, au ventre rebondi. Ce sont nos gens, nos pères nous les ont achetés, ils nous appartiennent pour toujours; nous en avons la preuve dans nos papiers et dans les registres publics. Pourquoi n'userions-nous pas de nos droits et de notre autorité sur eux? — Vos pères vous ont laissé des titres en règle, je n'en doute pas, mais ils vous ont transmis aussi un autre héritage, c'est la mort et l'enfer. Ils ont acheté et ils vous ont légué des terres et des âmes[1]; ils ont acheté ce qu'ils n'avaient pas le droit d'acheter, on leur a vendu ce qu'on n'avait pas le droit de leur vendre. Ces hommes avaient déjà un maitre, Dieu, qui les a créés dans sa bonté et fait plus de cas d'un d'entre eux que de tous les trésors du monde. Le Christ les a rachetés, non avec de l'or et de l'argent, mais avec ses souffrances et son sang. Et ces libérés du Sauveur, vous usurpez sur eux une autorité sans limites : vous leur demandez de vous assurer une vie d'oisiveté et de luxe. Ils sont méprisés, moins bien traités que des chiens; on s'engraisse de leurs souffrances, on s'amuse de leurs larmes, on les accable de corvées comme un bétail réservé à l'abattoir. Au jour du jugement, ces larmes et ces souffrances crieront contre le mauvais maitre. Un chrétien doit-il gouverner comme un païen? Ne sommes-nous pas tous les fils d'Adam, souillés du même péché, affranchis par la même grâce! Aimez-vous les uns les autres, a dit l'apôtre, et qui aime son prochain remplit la loi[2]. » Ces re-

1) Cheltchitsky condamne-t-il la propriété ou seulement le mauvais usage de cette propriété? Son opinion me parait un peu flottante. Je traduis aussi exactement que possible : « Si vos pères vous ont acheté des hommes avec des biens et des terres, ils ont acheté ce qu'ils n'avaient pas le droit d'acheter sur un domaine qui n'était pas à eux. Car telle est la véritable parole de Dieu ; à Dieu appartient la terre et toutes ses dépendances, les montagnes, les vallées, les continents, les provinces ; il est le seigneur de tout, et il gouverne dans sa justice souveraine les cieux et les terres qu'il a créés. Qu'ont donné vos pères pour cette terre qui est à lui, afin de vous la laisser en toute propriété, à vous, ses ennemis? Celui qui n'est pas de Dieu, ne peut ni jouir justement de ce qui appartient à Dieu ni le posséder ; il n'a d'autre titre que celui d'un usurpateur qui injustement et par violence occupe et détient un bien qui ne lui appartient pas. » (*Osviéta*, 1875, p. 411). Il semble, dans ces paroles, que Cheltchitsky n'admet de légitime propriété que celle des justes: mais un peu plus loin et dans la suite du raisonnement, il ne parle plus que des mauvais traitements infligés aux serfs, de l'injure faite au Sauveur quand on regarde comme des bestiaux les créatures qu'il a rachetées de son sang ; la première partie semble perdre ainsi un peu de son sens absolu et ne s'appliquer qu'à la possession de l'homme par l'homme. Les Frères n'ont jamais prêché le communisme.

2) *Osviéta*, 443-450.

vendications de l'égalité et de la dignité humaines sont fréquentes chez les prédicateurs chrétiens : chez Cheltchitsky cependant, ne se mêle-t-il pas à l'inspiration évangélique un écho de l'esprit démocratique des anciens Slaves? Les circonstances au milieu desquelles nous naissons et nous grandissons exercent sur notre esprit une action dont nous n'avons pas toujours une conscience très claire, mais qui n'en est pas moins puissante. Au xv⁰ siècle, une grande transformation sociale était en train de s'accomplir : les anciennes franchises des paysans étaient menacées, leurs redevances devenaient plus lourdes et plus arbitraires, leur liberté personnelle même était menacée : les institutions féodales imitées de l'Allemagne remplaçaient les coutumes nationales. La liberté restait encore dans la loi, mais le servage était dans les mœurs. L'oppression, plus lourde en fait qu'elle ne le fut plus tard, quand elle fut au moins régulièrement organisée, était aussi plus vivement ressentie par des populations qui n'avaient pas encore perdu tout souvenir de jours plus heureux. Est-il téméraire d'admettre que le spectacle de ces usurpations et de ces tristesses a contribué à faire mieux comprendre à Cheltchitsky les paroles de l'Évangile, comme il a donné à ses protestations, qui par elles-mêmes ne sont que des lieux communs, un accent plus pénétrant et plus ému?

Prenons garde cependant de nous y tromper : Cheltchitsky est peut-être un révolutionnaire, ce n'est certainement pas un révolté. Le riche et le noble qui abusent de leur autorité seront punis, mais Dieu seul a le droit de les frapper. Que le chrétien obéisse à son maître, quelque injustes que soient ses exigences; son humilité et ses souffrances lui serviront devant le Juge suprême. Le fidèle vit en dehors de l'État, mais ne s'insurge pas contre lui. La loi divine est la seule qu'il reconnaisse, mais elle lui ordonne de s'incliner devant les pouvoirs établis : rendez à César ce qui est à César. Toute tentative de résistance est criminelle; toute guerre, même la plus juste, est impie et mauvaise[1]; tout recours à la force est un péché. Le chrétien, blessé dans ses intérêts, se résigne et se soumet; si l'on exige de lui une action que lui interdit sa conscience, si on veut le contraindre par exemple à porter les armes ou à trahir la vérité, il refuse d'obéir

---

1) Voir sur l'importante discussion relative à la légitimité de la guerre, au début des guerres hussites, Goll, *Tchas.*, I, 1881, p. 10, et *Quellen*, II, p. 12-14, et 47-57.

mais sans révolte, et accepte avec résignation le châtiment de
sa résistance. Il n'accepte aucune fonction publique, parce qu'il
ne le pourrait guère sans compromettre le salut de son âme[1];
il ne siège pas dans les tribunaux, parce que la punition du
coupable est déjà une vengeance et que le disciple de Jésus ne
se venge pas; l'Évangile d'ailleurs réprouve la peine de mort
comme le serment. Pénétrés de la loi du Christ, les fidèles ne
cherchent pas à s'élever au-dessus de leurs frères : il n'y a
parmi eux ni nobles ni vilains, ni seigneurs ni serfs, ni maitres
ni esclaves; tous sont égaux, également anoblis par le sacrifice
du Fils de Dieu. Attentifs à éviter les pièges de Satan, ils ne
recherchent pas la richesse, évitent le commerce qui surexcite
l'avidité et ne va guère sans fourberies : les poids et les mesures
ne sont-elles pas déjà une marque de défiance, une injure au
prochain? L'habitation des villes est dangereuse pour le salut ;
Caïn les a inventées, ainsi que les châteaux et les meurtres et les
brigandages qui en sont sortis : ceux qui s'enferment derrière
les murailles veulent en effet faire violence aux autres, ou op-
poser la force aux attaques de leurs adversaires. Mais cette pensée de résistance est à elle seule une révolte contre la loi de
Dieu[2]. Peu de métiers sont exempts de tentations et de périls;
le plus sûr est l'agriculture où l'on vit dans la méditation, l'humilité, le travail, l'obéissance.

Que l'enseignement évangélique de Cheltchitsky ait exercé sur
quelques imaginations enthousiastes un irrésistible prestige,
qu'il ait rallié autour de lui quelques âmes fatiguées des agitations terrestres et froissées du triomphe de l'iniquité, nul ne
saurait s'en étonner. Mais qu'il soit sorti de là une secte considérable, qu'un système qui supprimait toutes les institutions
sociales, ecclésiastiques et politiques, ait obtenu une rapide et
brillante fortune, il y a là de quoi nous causer quelque surprise.
En réalité, la doctrine de Cheltchitsky convenait merveilleuse-
ment à la fatigue d'esprits surmenés et désabusés. On était las
des discussions et des conflits. Après tant de colloques et de
recherches, la vérité était-elle plus évidente? A quoi bon s'obs-
tiner à des querelles philosophiques qui ne produisent que la
confusion et la haine? Une seule chose est salutaire : aimer Dieu
et le servir. — On en a appelé aux armes, versé des ruisseaux

1) Goll, *Quellen*, II, p. 93.
2) *Osvièta*, 1875, p. 418.

de sang. L'Antechrist, si souvent vaincu, est plus redoutable que jamais ; le joug qu'on a essayé de secouer est retombé plus lourd, l'oppression est plus écrasante et la misère plus noire. Que reste-il au fidèle ? A s'incliner devant la volonté de Dieu qui l'éprouve. A la période de résistance succède la période de résignation. Les disciples de Cheltchitsky, les Frères, nous apparaissent ainsi comme les continuateurs des Taborites, précisément parce qu'ils sont si différents d'eux : c'est la dernière et nécessaire phase de la maladie révolutionnaire : après les héros, les martyrs.

La question, fort discutée, de savoir de quels éléments divers Cheltchitsky a formé son système, me parait ainsi intéressante, mais secondaire. Il a beaucoup emprunté à Huss et aux théologiens tchèques qui ont eu une action plus ou moins profonde sur le mouvement des idées au xve siècle; il a subi plus qu'aucun autre écrivain peut-être de cette période l'influence de Wiclif dont il accepte la plupart des conclusions [1]. Il semble à peu près certain enfin qu'il y avait des Vaudois en Bohême, au commencement du xv° siècle, dans la Bohême méridionale surtout, c'est-à-dire dans la région où se répandirent le plus rapidement les idées radicales, et il est très vraisemblable que Cheltchitsky a recueilli au moins la tradition de leurs prédications [2]. Mais arrivât-

[1] Cheltchitsky a exprimé avec beaucoup de netteté ses sentiments pour Wiclif, dans sa réplique a Rokytsana (publiée par Goll, *Quellen*, II, p. 83) : « Comme tu cites Wiclif et aucun autre docteur, dit-il, tu sembles l'avoir en plus haute estime que les autres ; ou peut-être l'as-tu pris pour caution, parce que tu crois que je m'appuie de préférence sur lui, tandis que je rejette les autres opinions des hommes et que je fais peu de cas des autres docteurs. Sache que je m'attache a tous les maitres, les maitres sacrés ou ceux de maintenant, autant que leur science m'a montré la voie et m'a ouvert l'intelligence de tout ce que Dieu m'ordonne dans sa loi. J'ai à la vérité une estime particulière pour Wiclif parce que, à ce que j'entends dire, aucun des anciens ou des nouveaux docteurs n'a aussi bien parlé et écrit contre le poison qui s'est infiltré dans l'Eglise. » Mais ce respect profond n'entraine pas l'abdication de la réflexion, et Cheltchitsky réclame vis-à-vis de lui comme de tout autre son indépendance complète. M. Goll (p. 36) signale en effet une différence fort importante entre Cheltchitsky et Wiclif; d'après celui-ci l'harmonie doit régner entre l'Eglise et l'Etat ; d'après celui-là, il ne doit y avoir entre eux aucun rapport.

[2] Il y avait depuis le xiii° siècle des communautés vaudoises en Autriche. Il est certain que leurs doctrines pénétrèrent en Bohême, bien que rien ne permette d'affirmer qu'il y ait eu aussi dans ce pays des groupes constitués. M. Salatsky était déjà convaincu que Cheltchitsky « connaissait a fond la doctrine vaudoise et s'y plaisait. » Cheltchitsky ne parle jamais cependant des Vaudois, et il n'est pas sûr qu'il ait eu avec eux des relations directes. Sa réserve ne viendrait-elle pas de la confusion qui avait pu s'établir entre les Vaudois et certaines fractions taborites ? Il me semble voir une allusion aux Vaudois dans une phrase du *Traité sur les sacrements* (Goll, II, p. 78. « *Depuis longtemps*, il y a *beaucoup d'hommes* qui pensent qu'il n'y a plus de bon prêtre et qu'il ne peut pas y en avoir, et, bien plus, que les hommes ne peuvent

on à démontrer, phrase par phrase, qu'il a simplement reproduit les idées répandues autour de lui, cela ne changerait rien à
la valeur des causes plus générales qui seules expliquent son
originalité? L'invention ne consiste guère à dire ce que personne
n'a dit auparavant : en matière religieuse surtout, tous les novateurs vivent sur un fonds commun qui n'a pas varié depuis les
origines du christianisme; les adversaires les plus éloignés ne
se distinguent pas par l'ensemble des croyances dont la somme
est toujours sensiblement la même, mais par l'importance relative qu'ils attribuent à certains dogmes. Quelles que soient les
sources dont il s'est inspiré, Cheltchitsky n'en demeure pas moins
le fils légitime et direct du mouvement hussite. Il l'achève et le
termine : il traduit avec une éloquence supérieure et une logique
inflexible les aspirations d'une grande partie de la nation à cette
heure, l'amour libre de Dieu, la rénovation morale en dehors de
toute intervention officielle. Par là s'explique que, sans propagande, il ait laissé plus de disciples qu'il ne l'espérait, peut-être
même qu'il ne le désirait. Sa mort (de 1455 à 1457) passa ina-
perçue comme sa vie avait été ignorée, mais la semence jetée
au vent avait trouvé un sol bien préparé, et, un quart de siècle
plus tard, dans les districts les plus éloignés de la Bohème, des
milliers de croyants, instruits par ses leçons et convertis à sa
doctrine, s'efforçaient d'accomplir l'idéal qu'il avait rêvé[1].

être sauvés qu'en se séparant de tout le clergé et de son chef le pape. » Il y
avait, en effet, comme nous le verrons plus tard, un parti radical vaudois,
qui voulait se séparer ouvertement de l'Église.

1) Les adversaires des Frères se rendirent un compte très net des conséquences antisociales de leurs doctrines : voici par exemple ce que dit le jésuite
Vatslav Sturm, dans sa *Comparaison de la foi* (*Srovnani Viry*, 1582): « J'avais
beaucoup entendu parler de Cheltchitsky et j'étais curieux de savoir ce que
'était que cet homme et les mérites qui lui valaient tant de louanges des
Frères. J'ai commencé ainsi à lire avec beaucoup d'avidité le *Filet de la foi*,
livre assez étendu et développé. Il est rempli de tels blasphèmes contre
Dieu et les saints, de telles attaques contre les personnes laïques et ecclésiastiques, d'erreurs si énormes et si effrayantes que je n'ai pu me défendre par
moments d'une certaine terreur. Il est dirigé en partie contre les autorités
temporelles et spirituelles et il attaque les droits des citoyens, de l'empereur,
des ecclésiastiques, de telle sorte q .e si les gens suivaient ce livre et ses doc-
rines, *il ne pourrait plus subsister de villes, d'état, de royaume, d'empire, de seigneurs, de classes, de droit, de constitution :* toutes choses devraient disparaître
et être arrachées. Il n'est pas seulement contraire à l'Écriture, mais à la loi
naturelle et à la raison. » (Cp. Sabina, *Histoire de la littérature tchèque*, p. 742.)
Ce passage me paraît curieux parce qu'il met très nettement en présence le
christianisme officiel, expurgé à l'usage du monde, et le christianisme primitif
et réel.

III

Du vivant de Cheltchitsky, quelques fidèles s'étaient réunis autour de lui, attirés par sa piété, sa douceur, le charme de ses discours. Les amis de Cheltchitsky, c'était le nom qu'on donnait à ce petit cercle, ne formaient pas une véritable secte. Évitant autant que possible les discussions dogmatiques, ils accordaient beaucoup moins d'importance aux cérémonies extérieures ou aux symboles précis qu'à la puretédes mœurs et à la sincérité de la foi. Le vice les choquait surtout chez les prêtres et, sans se séparer de l'utraquisme officiel, ils éprouvaient quelque répugnance à recevoir de mains indignes les sacrements et en particulier la communion. Cette question, de la dignité indélébile conférée par l'ordination, si grave par ses conséquences, puisque, résolue négativement, elle conduit à une rupture complète avec la catholicité et à la formation d'une Église indépendante, avait longtemps tourmenté Cheltchitsky. Il y revient à diverses reprises, hésitant, pris de terreur à son tour à l'idée de briser en quelque sorte le lien matériel et mystique qui rattache aux apôtres les générations successives. Il croyait, malgré tout, que le prêtre coupable, pourvu qu'il ait conservé la vraie foi, garde, en dépit de ses fautes, le pouvoir de donner les sacrements et de consacrer; mais cette conviction de tête ne dissipait pas ses doutes qui se trahissent à diverses reprises : il compare les prêtres indignes à des nuages sans pluie et à des fontaines sans eau, il conseille de les éviter parce que leurs exemples sont pernicieux et que leurs exhortations ne viennent pas du cœur et ne vont pas au cœur. Ses disciples éprouvaient les mêmes défiances, les mêmes dégoûts, renonçaient aux sacrements plutôt que de les recevoir affaiblis et déshonorés par la débauche ou la simonie. Des inquiétudes analogues, vers la même époque, chassaient à travers la Bohême les auditeurs de Rokytsana; toutes leurs recherches étaient demeurées inutiles jusque-là : ils trouvèrent à Cheltchitse ce qu'ils poursuivaient avec angoisse, la paix de l'âme et la sûre promesse du salut.

Rokytsana connaissait déjà sans doute Cheltchitsky lorsque les événements le mirent en rapport direct avec lui, probablement pendant ses années d'exil, 1437-1448. L'indignation et la colère que lui inspiraient la perfidie et les progrès des catholiques, sa douleur à la pensée de la Réforme compromise, ses rancunes contre les nobles qui l'abandonnaient, le disposaient à quelque sympathie pour des hardiesses dont il n'aperçut pas aussitôt toutes les conséquences : un exilé n'entend pas tout à fait de la même manière qu'un archevêque, même non reconnu par le pape. Son imagination, toujours prête aux entraînements, fut touchée de ce qu'il y avait de droit, d'élevé, de réellement pieux dans cet apôtre qui attaquait avec tant de véhémence les vices publics et privés. Cheltchitsky, de son côté, comprit la supériorité réelle de ce chef qui, mieux fait pour l'opposition que pour le commandement, était plus grand dans la persécution que dans la victoire. Séparés bientôt par la vie plus encore que par les divergences dogmatiques, ces deux hommes, qui représentaient des doctrines si opposées, se souvinrent toujours avec émotion de leurs relations passagères[1]. En présence du désarroi moral de ses auditeurs, fort découragés par leurs tentatives inutiles, Rokytsana n'hésita pas à leur recommander la lecture des œuvres de Cheltchitsky et à les mettre en relations avec lui. Ils étaient admirablement préparés pour recevoir la bonne parole, et ils n'eurent plus dès lors qu'une pensée : s'éloigner de l'Église qui s'était éloignée de Jésus, fonder une confrérie qui vivrait loin de la violence et du mal dans l'adoration et la charité.

Le séjour de Prague leur devenait odieux : « Ils ne pouvaient y garder leur bonne conscience et compromettaient leur salut avec des gens qui faisaient tout ce qu'ils trouvaient mauvais. » Ils essayèrent, semble-t-il, d'obtenir de Rokytsana qu'il se mît à leur tête, qu'il se retirât du monde[2]. L'archevêque appartenait à l'Église militante bien plus qu'à l'Église triomphante; la lutte était pour lui un besoin et, avouons le, un devoir; sa retraite, à ce moment, eût été une désertion. Il refusa de quitter son poste, mais il aida du moins ses disciples à exécuter leur projet. Sur la frontière nord-est de la Bohême, dans une région dépeuplée par la guerre, George de Podiébrad possédait le domaine de lamberk (Senftenberg); après la prise de Tabor, quelques prêtres dont on se défiait avaient été emprisonnés dans le château de Lititse qui dépendait de cette seigneurie. Sur la prière de Rokytsana, George accorda sans peine à ceux qui le lui demandèrent

---

1) Voir sur ces relations de Rokytsana et de Cheltchitsky, Schulz, *Osviéta*, 1875, p. 211-215.
2) Gindely, I, p. 38.

la permission de s'établir dans le bourg de Kugnwald qui dépendait du domaine de Iamberk[1]. Les émigrants partirent sous
la conduite de Grégoire, qui reste depuis lors leur véritable chef.
Le curé de Iamberk, Michel, vint se fixer au milieu d'eux ; ses
vertus et sa foi lui méritèrent la confiance entière de ses paroissiens, et il accepta docilement la direction de Grégoire[2]. La nouvelle communauté ne se composait que d'une poignée d'hommes,
mais les courses des auditeurs de Rokytsana en Bohême les
avaient mis en relations avec beaucoup de personnes que tourmentait la même fièvre religieuse. Les adhésions arrivèrent
assez vite, de côtés fort différents : quelques amis de Cheltchitsky,
en fort petit nombre, quelques Picards. (On désignait sous ce
nom les membres des divers partis extrêmes, en particulier
ceux qui niaient la présence réelle.) Sans existence légale, sans
chefs, sans credo, ils demandèrent un refuge aux frères de
Kugnwald : Grégoire ne crut pas possible de les repousser, il
leur imposa seulement un temps d'épreuve. Les Vaudois avaient
suivi avec un vif intérêt le mouvement religieux tchèque :
désireux de mieux connaître les hussites, ils avaient envoyé en
Bohême des missionnaires qui en étaient revenus avec une
foi plus vive, moins timide : quelques-uns des plus hardis,
décidés à sortir d'une situation indécise et fausse, se joignirent
à la communauté nouvelle. En Moravie, un prêtre de Kroměrjij
(Kremsier), Étienne, avait réuni autour lui un petit groupe de
fidèles, assez semblable à celui des auditeurs de Rokytsana.
Leurs invectives contre l'Église officielle irritèrent le clergé :
d'eux d'entre eux furent mis à mort. Les autres, conduits par
Étienne, commencèrent en Moravie et en Bohême un douloureux
pèlerinage. Affaiblis par les divisions, chassés de ville en ville,
dénoncés, emprisonnés, toujours suspects bien qu'une enquête
les eût déclarés purs de toute hérésie, ils rencontrèrent Grégoire
à Klatov en 1460 et se jetèrent dans ses bras[3]. Le nombre des
frères augmentait peu à peu, toujours très faible encore. Un
autre disciple de Rokytsana, le prêtre Martin, s'était joint à eux :
il s'était établi dans la petite ville de Krtchin, à quelque distance de Kugnwald, probablement avec l'autorisation des seigneurs de Ryjmburk, dont elle relevait. Il avait entraîné avec

1) Nous ne connaissons pas exactement la date de la fondation de cette colonie ; M. Goll pense que c'est en 1457 ou 1458 (*Tchas.*, 1881, p. 44.)
2) Id., p. 457-60.
3) Goll, *Tchas.*, 1881, p. 160-161.

lui quelques personnes et Krtchin devint le second centre de l'Unité. Si Michel et Martin étaient les chefs réguliers, Grégoire restait le chef réel, l'apôtre : il parcourait le pays, faisait des prosélytes, jetait les bases de communautés nouvelles, et sa propagande préparait le rapide développement de la nouvelle Église.

Son zèle était quelquefois imprudent : comment se comporteraient vis-à-vis les uns des autres ces éléments venus de points si éloignés du monde chrétien? Éviterait-on les divisions et les schismes? Dès les premières années le péril apparut. Les Picards, revenus à leurs erreurs, niaient la présence réelle, au grand scandale de ceux qui avaient conservé la doctrine catholique. L'agitation des esprits était extrême, et la communauté naissante semblait menacée de succomber au mal endémique de la Bohême, les discussions religieuses. Elle fut sauvée par Grégoire. Il ne se plaisait guère aux spéculations hasardeuses, et son dernier conseil aux Frères sur son lit de mort fut de se défier des savants[1], mais il n'était pas cependant indifférent à la vérité et au dogme. Son dévouement, son activité, la netteté de sa pensée, les services qu'il avait rendus, lui assuraient une influence contre laquelle personne ne pensait à s'insurger. Dans le synode de Kugnwald (1459 ou 1460), il fit rejeter solennellement les doctrines picarde et taborite sur l'Eucharistie : les fidèles ne devaient lire aucun traité sans l'avoir montré aux anciens. Cette déclaration solennelle était nécessaire ; il n'est pas possible de supposer l'existence d'une Église dont les membres seraient divisés sur les points essentiels. Depuis un demi-siècle le principal effort des discussions religieuses avait porté sur l'Eucharistie, et les diverses sectes se distinguaient surtout par la formule qu'elles acceptaient sur ce point : l'Unité ne pouvait subsister que si elle prenait nettement parti. La plus vulgaire prudence exigeait d'autre part que l'on prévînt une confusion fâcheuse avec ceux qui niaient la présence réelle : toute la tactique des ennemis des Frères consiste en effet à établir entre les Picards et eux une complète solidarité : il importait d'établir clairement la distance qui séparait l'Unité d'un parti compromis devant l'opinion publique par ses excès et plusieurs fois condamné par les diètes[2].

<hr>

1) Hretchek, *Rukovièt*, II, p. 167.
2) Il n'est pas de pires sourds que ceux qui ne veulent pas entendre, et on continua à confondre les Frères avec les Picards. Un des griefs les plus souvent répétés contre eux, c'est qu'ils nient la présence réelle, ce qui est faux. Voici

Les Frères d'ailleurs ne se laissèrent pas entraîner sur la pente glissante des abstractions dogmatiques : ils n'éprouvèrent pas le besoin de rédiger un symbole détaillé. Il n'est pas jusqu'aux termes de la résolution relative à la communion, le seule qui vise le dogme dans cette première période de l'Unité, qui n'indiquent cette aversion de la théologie pure ; elle invite les fidèles « à laisser de côté les traités, à s'en tenir à la loi divine et à croire simplement. »

Par une conséquence naturelle, les questions de discipline générale ou individuelle passent au premier plan et les Frères ont une organisation et une règle morale bien avant d'avoir un credo[1]. L'Unité ne condamne pas la propriété individuelle, mais elle voit dans la pauvreté volontaire le signe de la perfection chrétienne. Les fidèles qui distribuent leur fortune aux infirmes, aux veuves, aux orphelins, ceux surtout qui ont refusé de sauver leurs richesses en trahissant la vérité, en seront récompensés au centuple. Les Frères ont le droit de disposer de leurs biens par testament, mais, à la veille de paraître devant le Juge suprême, ne vaut-il pas mieux s'affranchir de ces soins terrestres? Les prêtres, tenus de donner l'exemple d'une vertu plus haute, vivent dans la pauvreté évangélique, demandent au travail leur pain quotidien et consacrent aux aumônes tout ce qui n'est pas absolument nécessaire à leurs besoins. Leurs fonctions sont purement spirituelles, toutes les questions matérielles sont du ressort d'un gouverneur (hospodar) et d'une gouvernante (hopodygn), qui rappellent les diacres de l'Église primitive; ces derniers visitent les malades, répartissent les secours, distribuent les biens laissés à la Communauté par les membres morts intestats. La haute direction de l'Unité appartient à un conseil suprême formé par les anciens[2].

par exemple ce qu'écrit Grégoire à Rokytsana, au moment de la persécution (cité par Gindely, I, n. 36.) « Martin-Lupatch, — c'était l'évêque utraquiste, — à qui nous avons confessé notre doctrine, n'y a rien trouvé à reprendre. Pierre Cheltchitsky aussi, qui a beaucoup écrit sur ce sujet, a pensé que le meilleur était de croire, ainsi qu'a dit Jésus-Christ. » La doctrine des Frères, à ce moment, repose en effet sur les paroles mêmes de l'Écriture : Ceci est mon corps (présence réelle), et le pain que nous rompons, c'est-à-dire négation de la transsubstantiation.

1) Cette tolérance théologique reste un des traits les plus remarquables de l'Unité. Elle explique aussi les très nombreuses variations qu'elle a traversées.

2) Sur cette organisation primitive de l'Unité, v. Goll, Tchas., 1884, p. 166. On s'est imaginé quelquefois que les Frères étaient de véritables moines, vivant en commun et soumis à une règle. Rien de moins exact. La vie conventuelle et les institutions monastiques ont toujours au contraire été condamnées par eux. Le nom de Frères qu'ils se donnaient n'avait qu'un sens mystique et chacun d'eux gardait sa maison séparée et son existence indépendante.

Chacun des Frères veille au progrès moral des autres, avertit les insouciants, encourage les faibles, réprimande les pécheurs, toujours prêt aussi à accepter avec reconnaissance et contrition les conseils et les remontrances. Dans les cas graves les coupables sont exclus de la sainte table et, s'ils ne s'amendent pas, excommuniés, c'est-à-dire chassés de l'Unité.

Les Frères ne prétendaient pas que nul ne pût être sauvé en dehors d'eux, et reconnaissaient qu'il y a des élus partout, même parmi les serviteurs du pape. Ils tendaient cependant instinctivement à former une Église tout à fait séparée des autres. Peu à peu, ils s'écartaient des rites ordinaires, supprimaient les ornements, simplifiaient la messe, condamnaient l'élévation et l'adoration du Saint-Sacrement. Ils ne se résignaient pas encore cependant à rompre franchement avec l'utraquisme et leur incertitude se fût peut-être prolongée quelque temps, quand les événements précipitèrent la crise.

Les pouvoirs réguliers, ecclésiastiques ou politiques, n'ont qu'une médiocre sympathie pour les réformateurs qui leur demandent de modifier toutes leurs habitudes. Les prêtres des paroisses voisines de Kugnwald, impuissants tant que les dissidents ne prêchaient que la réforme morale, profitèrent des changements introduits par eux dans le service divin pour les dénoncer et invoquer contre eux l'appui du bras séculier. La situation du roi George de Podiébrad était des plus difficiles; il venait de monter sur le trône et il n'avait pas encore le royaume bien en mains; de nombreux seigneurs supportaient avec impatience son autorité et épiaient une occasion favorable de révolte: il le savait, et il n'avait pour lui ni la force de la tradition et de la naissance, ni l'appui unanime de la nation. Son intérêt comme son patriotisme lui prescrivait de ne pas exposer la Bohême aux calamités d'une nouvelle guerre religieuse; il craignait la Curie et la ménageait. Quelles que fussent d'autre part ses convictions personnelles, et en admettant même, ce qui n'est pas encore évident, ce qui ne le sera sans doute jamais, qu'il eût l'esprit assez libre pour s'élever au-dessus des préjugés et des passions dogmatiques, qu'il fût le prisonnier des Calixtins ou leur chef volontaire et dévoué, sa cause était inséparable de la leur. Ils l'avaient fait roi, ils étaient ses seuls alliés véritables. Satisfaire le pape sans irriter les Hussites par des concessions excessives à Rome, tels étaient les deux termes du problème. Était-il insoluble? Peut-être; George, à ce moment, ne le pensait pas. Sans les secours de la Bohème toute tentative contre les Turcs était condamnée à un échec inévitable, et Pie II tenait fort à ses projets de croisade; ne ferait-il pas quelque sacrifice à l'espérance de reprendre Constantinople? C'était un politique avisé, il semblait bienveillant, et on ne lui demandait rien en somme qui mit en péril la foi ou la puissance de l'Église. Il importait seulement de gagner sa confiance, de rassurer sa conscience, de lui prouver par des faits que le roi avait pris au sérieux son serment du sacre et sa promesse de combattre l'hérésie, qu'elle devrait compter avec George et non sur George. Dès qu'on attira l'attention du roi sur les Frères, il se crut obligé de sévir, par conscience comme par politique. Il n'éprouvait certes aucune sympathie pour ces dissidents qu'il connaissait mal et dans lesquels il ne vit probablement au début que les continuateurs des Taborites. Depuis le jour où il avait combattu contre eux à Lipan, à peine âgé de quatorze ans, il les avait sans cesse trouvés sur son chemin, ces fanatiques qu'aucune défaite n'écrasait, qu'aucun engagement ne liait, que tous ses adversaires, même les catholiques, étaient sûrs d'avoir pour alliés. Ces émigrations, ces courses à travers le pays, ces prédications, ces synodes, étaient-ils le prélude d'une nouvelle insurrection[1]. Lorsque l'ordre commençait à renaitre, fallait-il que des criminels ou des fous le compromissent, et, en réveillant les inquiétudes du pape, rendissent peut-être inutiles

1) Goll a quelque peine à admettre que le roi ait été assez mal renseigné pour accepter au pied de la lettre les accusations des ennemis des Frères : il ne les a pas pris, pense-t-il, pour les continuateurs des Taborites, mais il avait besoin de prouver au pape sa bonne volonté, et par politique, il a frappé les Frères. (*Tchas.*, 1881, p. 450.) — Pourquoi cependant George aurait-il été si bien renseigné? Rokytsana, qui aurait pu lui dire la vérité, n'était pas en faveur et ne fut pas consulté. Les Frères n'étaient encore qu'une poignée d'hommes et il n'est pas étonnant que leur doctrine fût mal connue. La différence qui les séparait des Taborites au point de vue du dogme était profonde, mais assez obscure, et la preuve, c'est que la plupart des historiens, avant Goll, ne l'ont pas aperçue; les adversaires qui les accusaient de nier la présence réelle n'étaient pas tous de mauvaise foi; George, qui ne se piquait pas d'être un grand clerc en matière de dogme, ne pouvait-il pas s'y tromper? La confusion était d'autant plus permise qu'il y avait certainement dans l'Unité un certain nombre d'anciens Taborites. Au début, la révolution avait présenté les mêmes symptômes. Le rapprochement est si naturel qu'il apparaît à plusieurs reprises de côtés différents. A l'origine aussi, les Taborites s'étaient mis en route avec des bâtons et avaient souffert le martyre, « mais ils étaient ensuite partis pour combattre avec des voitures, des faux, des fusils, des canons, et là où on ne les accueillait pas, ils se battaient, conquéraient, pillaient, brûlaient. » (Valetchovsky.) Chose curieuse, les Frères semblent avoir été hantés par la crainte que l'Unité ne subît un jour une transformation pareille, prennent des mesures « pour qu'il ne se passe pas chez eux quelque chose comme au temps de Jijka. » (Lukach, Iiretchek, *Hukor.*, II, p. 192.)

toutes les négociations? Si le roi apprit par la suite à mieux connaître les doctrines de l'Unité, ses préventions n'en furent sans doute pas beaucoup diminuées; quel État, quelle société seraient possibles avec de semblables théories? Comme jadis les magistrats de la Rome impériale, les représentants de l'ordre légal au xv° siècle voyaient dans les disciples de Jésus-Christ les ennemis du genre humain.

La persécution contre les Frères commença probablement vers 1460. On interdit les assemblées de Kugnwald, mais ils continuèrent à se réunir sur le territoire de Rychnov qui devient alors leur centre le plus important. Les quelques membres que l'Unité avait recrutés à Prague[1] étaient les plus menacés, et ils ne furent pas toujours très prudents. Grégoire s'était rendu auprès d'eux, et, bien que les prédications secrètes fussent interdites, ils étaient rassemblés en assez grand nombre pour prier Dieu quand ils furent prévenus par un avis officieux qu'ils allaient être arrêtés. Grégoire les invita à se disperser : quelques-uns refusèrent de s'éloigner, pris de ce besoin de souffrances, de cette folie du martyre, si fréquents à l'origine des religions, déclarant « qu'ils voulaient déjeuner des tenailles et dîner du bûcher. » Conduits en prison, ils ne sortirent pas tous victorieux de l'épreuve qu'ils avaient provoquée : « Après avoir déjeuné, quelques-uns ne voulurent pas dîner[2]. » On les retint quelques mois, puis on les remit en liberté[3]; ils avaient abjuré leurs erreurs, mais la formule d'abjuration, conçue en termes très généraux, d'une obscurité qui paraît voulue, semble calculée de manière à ménager la conscience des Frères[4]. La vérité est que l'archevêque utraquiste, Rokytsana, n'avait ni sollicité ni approuvé la persécution et qu'il s'efforça d'en atténuer la rigueur. Bien qu'il sentît les Frères lui échapper peu à peu, il avait encore trop d'amitié pour leur chef, un souvenir trop vivant de la sincérité de leur foi et de leur bonne volonté pour ne pas tenter de les protéger. A ce moment de plus l'attitude du roi lui inspirait quelque défiance : pour satisfaire ses ambitions en Allemagne, George ne trahirait-il pas l'utraquisme? N'avait-il pas pour conseiller intime l'évêque de Breslau, Jocht de Rosen-

---

1) Elle avait fait quelques prosélytes à l'Université.
2) Récit de Lukach; publié par Goll, *Tchas.*, 1881, p. 461.
3) Pas tous cependant; un d'eux resta même en prison jusqu'à la mort de Podiébrad (1471).
4) Les formules d'abjuration ont été publiées par Goll. (*Tchas.*, p. 466-469.)

berk, qui, aussi bon catholique que patriote sincère, faisait d'une franche réconciliation avec Rome la condition de la prospérité et de la puissance tchèques? Dans cette disposition d'esprit, Rokytsana ne mit qu'un zèle médiocre à exécuter des ordres dont un évêque catholique avait été l'inspirateur. Grégoire en particulier fut ménagé, ne subit pas la torture[1] et fut remis en liberté après une courte et fort peu rigoureuse détention; on exigea seulement de lui qu'il approuvât en quelque sorte les mesures dont les Frères avaient été l'objet[2]. Le curé Michel, le prêtre Martin, qui avaient été aussi emprisonnés, furent de même bientôt renvoyés.

A peine relâché, Grégoire avait repris son œuvre de propagande : il fut arrêté une seconde fois dans le nord de la Bohême; de son cachot de Teplitse, il adressa au sous-chambellan du royaume une lettre qui nous révèle ce qu'il y avait de passion contenue dans cette âme qui s'était pliée si complètement à la soumission et au sacrifice. Elle est curieuse d'ailleurs par le jour qu'elle jette sur l'état des esprits à cette époque.

Quelques hommes d'État, refaisant à leur point de vue le raisonnement de Cheltchitsky, commençaient depuis assez longtemps déjà à trouver qu'il y aurait peut-être avantage à ne pas mêler aussi étroitement les questions politiques et religieuses. Cette opinion, d'abord assez vague et flottante, avait pris un peu plus de consistance depuis que la lutte ne portait plus que sur les Compactats. Une réforme générale de l'Église et les bienfaits qu'elle implique excusent dans une certaine mesure l'entraînement d'une nation qui néglige pour elle tous ses intérêts. Mais il ne s'agissait plus désormais que d'une question purement formelle : le peuple et ses chefs continueraient-ils à s'absorber dans cette unique préoccupation du calice? Les prêtres seuls étaient intéressés dans ces luttes, et le malheur des temps en avait fait les véritables maîtres du royaume; ne convenait-il pas de les rappeler à l'obéissance? Comme en France, à la fin du XVIe siècle, l'idée de l'état laïque se dégageait des guerres de religion. Un des représentants les plus remarquables de ce groupe de politiques, qui, malheureusement, ne devint jamais

---

1) C'est l'opinion à laquelle arrive Goll, et elle me paraît fort vraisemblable. Voir la discussion sur ce point, p. 465.

2) Il dut reconnaître que les pouvoirs publics avaient le droit d'intervenir dans les choses de la foi. Ce n'était pas en somme contraire à sa doctrine : le rôle de l'État n'est-il pas, d'après Cheltchitsky, de réveiller par la persécution le zèle des fidèles ?

un parti, était Vaniék Valetchovsky de Kniéjmost. Utraquiste, il avait donné des preuves de son dévouement à la Réforme, mais il s'intéressait moins au calice qu'à l'ordre public. Très riche, fort écouté, ce bourgeois de Prague, mêlé à toutes les affaires du pays, très au courant des ambitions et des intrigues des seigneurs, poursuivait l'union intime de la royauté et des villes. Leurs intérêts n'étaient-ils pas les mêmes comme leurs ennemis ? Ses efforts pour rétablir l'autorité royale sur les villes se heurtèrent souvent aux résistances du clergé utraquiste, très jaloux de l'influence prépondérante qu'il avait conquise dans les communes. Assez mal disposé déjà pour Rokytsana, Vaniék le rendit responsable des difficultés qu'il rencontrait et de l'anarchie universelle : dans son traité sur la *Domination des prêtres*, il lance contre l'archevêque les accusations les moins fondées et reproche aux prêtres de n'avoir d'autre loi que leur ambition, et d'autre but que le pouvoir [1]. Les Frères se rendirent-ils compte de l'analogie de leur programme et de celui de Vaniék? Il est permis d'en douter; les faits ne se présentent pas avec cette clarté aux yeux des contemporains. Un instinct naturel les poussa à solliciter la protection d'un homme qui avait si rudement traité leurs adversaires. Dans sa lettre, Grégoire rappelle les malheurs et les ruines qu'ont entassés les guerres religieuses; les prêtres utraquistes, s'ils avaient le pouvoir, ramèneraient bientôt les mêmes calamités. Dieu sait que, pour lui, il a fait le sacrifice de sa liberté et de sa vie; il ne s'adresse à Vaniék que « pour écarter le mal futur et dans l'intérêt du petit troupeau de Dieu, » afin que, sous sa protection, il serve sans crainte le maître des cieux et de la terre. « Ne persécutez pas le peuple pour sa foi, dit-il plus loin ; vous n'en avez pas le droit, non pas même suivant le droit païen. N'en avons-nous pas une preuve frappante dans l'empire romain? Ils gouvernaient le monde avec bienveillance, sagesse, tolérance; ils permettaient à tous leurs sujets de servir leurs Dieux, suivant leurs désirs, ne s'inquiétant que d'une chose, que les impôts fussent payés et l'autorité régulière respectée. » Et les Turcs? Que demandent-ils aux chrétiens? De renoncer au christianisme? Non, mais de se soumettre. Que de croyances différentes ne trouve-t-on pas à Lvov!! La paix n'y est pas troublée cependant, parce que personne ne songe à im-

---

[1] Le traité de Vaniék contre la domination des prêtres a été publié par M. Jar. Tchélakovsky, Prague, 1881, avec une préface très intéressante.

poser aux autres sa propre foi. En Bohême et en Moravie, le roi a rétabli la paix, grâce à Dieu, parce qu'il a respecté les diverses croyances, qu'il a permis à quelques villes de garder le calice et n'a pas contraint les autres à l'accepter. Quelle terrible accusation contre ce roi cependant, si, lorsque les oiseaux des cieux, les prélats orgueilleux et rebelles ont leurs demeures, quand les renards rusés et les calixtins ont leurs tanières, le fils de l'homme n'a pas une pierre pour reposer sa tête ! « Le pouvoir temporel n'a pas le droit de contraindre le peuple dans sa foi ; il n'a d'autre fonction que la justice temporelle, d'autre mission que d'assurer à chacun son droit. » — Mais, répond-on, l'État sera troublé par les divisions. — Mille sectes paisibles, soumises, qui ne réclament ni protection ni appui, ne compromettraient en rien la sécurité publique[1]. — Il y aurait quelque anachronisme à parler au xv⁰ siècle de la séparation de l'Église et de l'État : il est certain cependant que la cause de l'Église libre dans l'État a été rarement défendue avec une raison plus ferme. Les Frères n'ont pas été soumis à la difficile épreuve de l'exercice de l'autorité : s'ils étaient devenus majorité, seraient-ils restés fidèles à leurs principes? Il serait téméraire de rien affirmer : dans tous les cas, si le rôle et l'honneur des minorités est de défendre la liberté de conscience, ils ont compris leur devoir avec une remarquable intelligence et l'ont rempli avec une rare élévation : la postérité ne saurait l'oublier sans injustice.

Vaniék intervint-il en faveur des dissidents? Les paroles de Grégoire produisirent-elles quelque impression? Les documents ne nous en disent rien. De tels plaidoyers ne convertissent guère ceux auxquels ils s'adressent; ils passent par-dessus leurs têtes, et seules les générations suivantes les comprennent. Quoi qu'il en soit, la persécution, d'abord assez menaçante, s'adoucit bientôt. Le roi était satisfait d'avoir fait montre de son zèle orthodoxe; trop d'affaires le sollicitaient d'ailleurs pour qu'il tînt très attentivement la main à l'exécution de ses ordres. L'archevêque ne demandait qu'à se montrer clément; à côté de lui, Lupatch, qui était, après Rokytsana, la plus haute autorité de l'utraquisme et qu'avaient toujours attiré les doctrines radicales, était bien disposé pour les Frères et leur conserva son amitié jusqu'à sa mort (1464). Ceux-ci de leur côté se montrèrent plus réservés : un peu

<hr>

[1] Cité par Tchélakovsky, p. 11-12.

de prudence leur suffit pour désarmer, pour quelque temps au moins, la colère royale. Leurs progrès ne furent pas même sérieusement interrompus. Ils étaient encore fort peu nombreux, mais, disséminés dans toute la Bohême, leur action s'étendait ; les groupes, très multipliés, constituaient comme autant de centres d'attraction, se renforçaient peu à peu, se transformaient en Églises. Des synodes fréquents réunissaient dans une vie commune les congrégations dispersées, complétaient l'organisation, fixaient la doctrine. Comme Jésus est mort et ressuscité, le vrai chrétien doit mourir au monde et renaître régénéré dans le Sauveur. Cette renaissance est la source de la vie chrétienne et l'origine du salut : elle se marque par le renoncement et la charité. Seul le vrai chrétien fait un bon prêtre, et le mauvais prêtre remplit ses fonctions pour sa propre perdition et sans profit pour autrui. Les justes doivent se séparer de l'Église corrompue ; en entrant dans l'Unité, ils reçoivent un second baptême.

Les prêtres, ordonnés par l'Église romaine, ne doivent-ils pas aussi, avant d'être reconnus par les Frères, recevoir une nouvelle consécration ? Les plus ardents l'affirmaient. De plus, les prêtres qui s'étaient joints à eux étaient peu nombreux, assez âgés ; s'ils mouraient, ou étaient victimes de la persécution, que deviendrait la communauté, sans chefs, sans pasteurs ? Comment assurer l'avenir ? Beaucoup reculaient toujours devant une solution radicale, éprouvaient une insupportable amertume à la pensée de briser de leurs propres mains les liens qui les rattachaient encore à leur ancienne Église, à son chef surtout, Rokytsana. Avaient-ils même perdu toute espérance de le ramener à eux ? Sa tristesse, sa réverve n'annonçaient-elles pas une âme encore ouverte à la grâce ? Ils cherchèrent un moyen terme, voulurent, avant de se mettre hors du monde catholique, épuiser tous les expédients. Ils eurent l'idée de s'affilier à quelque autre Église constituée ; ils s'aperçurent bientôt que ni chez les Russes ni chez les Grecs, les Indiens, les Arméniens ou les Valaques, ils ne trouveraient ce qu'ils cherchaient, le culte fidèle de l'Évangile, l'imitation du Sauveur. Ils avaient entretenu, presque depuis l'origine, des relations assez intimes avec les Vaudois ; ils eurent l'idée de se réunir à eux. Mais les Vaudois persistaient en général à ne pas se séparer extérieurement de l'Église romaine, prenaient part à ses cérémonies, recevaient les sacrements des mains de ses prêtres. Il semble au contraire que chez les Frères les derniers événements avaient provoqué un certain enthousiasme fanatique qui se traduisait par le désir toujours plus ardent de rompre avec l'Antechrist. Une importante réunion se tint à Lhota, sur le territoire de Rychnov (1467) : soixante membres, les plus respectés de l'Unité, y assistèrent. Parmi les Vaudois, une fraction radicale protestait depuis longtemps contre les timidités des modérés : elle se joignit aux Frères. L'assemblée, encouragée par divers signes dans lesquels elle vit une manifestation de la volonté divine, résolut de se donner un clergé indépendant : elle élut neuf de ses membres ; une sorte de jugement de Dieu désigna ensuite trois d'entre eux qui furent acceptés pour pasteurs. Pour ne pas provoquer de scandale, un vieux prêtre vaudois donna une sorte de consécration officielle aux élus de Dieu et de l'assemblée. Cela ne parut pas encore suffisant aux timorés, aux yeux desquels les évêques seuls avaient le droit de transmettre les pouvoirs sacerdotaux. Afin de calmer ces scrupules, sans doute aussi dans la crainte de compromettre les destinées de l'Unité par un vice originel, les Frères, avec leur esprit ordinaire de modération et de réserve, sollicitèrent l'intervention d'un évêque vaudois, Étienne. Sa consécration fut transmise par Michel de Lamberk à un des élus, Mathias de Kugnwald, le premier évêque de l'Unité [1].

Par l'élection des prêtres se trouvait terminée l'œuvre de constitution de l'Église nouvelle. Audace remarquable et qui pouvait passer pour une déclaration de guerre à l'utraquisme. La réponse fut prompte ; Rokytsana, oubliant toute mesure, lança contre les Picards un mandement très violent. Ses protestations véhémentes contre le sens que ses anciens auditeurs avaient prêté sans raison à ses paroles, ne dégageaient pas très nettement sa responsabilité. Il le sentait et en éprouvait une sourde colère. Sa polémique en garde un peu trop d'acrimonie. Il accuse les Frères de ne pas se prosterner devant le Saint-Sacrement, « devant lequel, suivant l'ordre donné par Dieu même, doit fléchir tout genou sur la terre, dans les cieux et dans les enfers. » Mais son véritable grief contre eux, on s'en aperçoit sans peine, c'est l'élection des prêtres, cette usurpation de l'autorité ecclésiastique qui l'atteignait indirectement dans

---

1) Cette question de l'élection des premiers prêtres est des plus obscures. Les documents sont contradictoires, ce qui s'explique parce que la plupart sont des œuvres de polémique ou des apologies. Nous avons accepté l'opinion à laquelle s'est arrêté M. Goll et qu'il a rendue très probable. (*Quellen*, I, passim et particulièrement, p. 34.)

son désir de réconciliation avec Rome, directement dans sa dignité d'archevêque. Si des laïques disposaient ainsi du sacerdoce, quelle garantie restait contre les fantaisies individuelles ? Où s'arrêterait la division ? Une seule loi demeurerait, la volonté de chacun ; un seul régime, l'anarchie [1]. — Le roi était toujours aussi mal disposé pour les hérétiques ; engagé dans une lutte sans merci avec la papauté, il tenait par-dessus tout à ne pas fournir à ses ennemis de prétexte d'accusation ; il demanda à la diète de Benechov (1468) des mesures rigoureuses contre les Frères. Quelques seigneurs essayèrent de les défendre, mais ils avaient aussi des ennemis, Jeanne surtout, la reine, conscience timide que tourmentait le souvenir des serments qu'elle avait prêtés à l'Église. La persécution, qui n'avait jamais complètement cessé, reprit une certaine intensité. Beaucoup de dissidents furent jetés en prison, les maisons de prières fermées ; les fidèles ne se réunirent plus que la nuit, dans des granges, dans des cavernes, dans les forêts. Pour dépister les recherches, ils marchaient dans les pas les uns des autres et le dernier trainait une branche d'arbre sur la neige : les espions n'apercevaient plus que la trace d'un paysan qui était allé chercher du bois. Malgré toutes les précautions, ces réunions mystérieuses attiraient l'attention, donnaient lieu à toutes les calomnies ordinaires de débauches et d'infamies. Dans les cantons où les poursuites étaient le plus acharnées, ils fuyaient dans les montagnes. De peur d'être dénoncés par la fumée, ils n'allumaient de feu que la nuit, et, le jour, par ces hivers rigoureux de la Bohème septentrionale, essayaient de réchauffer leurs membres raidis par le froid auprès des tisons à demi éteints [2]. Il y eut quelques victimes. La lecture du mandement de Rokytsana dans les Églises avait été l'occasion de divers scandales; des jeunes gens avaient protesté ; arrêtés, ils furent mis à la torture, quelques-uns exécutés. Le seigneur Zdeniék Kostka de Postupits livra au bourreau quatre habitants de Skutch [3]. Il en réservait d'autres au même sort, « mais Dieu ne lui en laissa pas le temps. »

Dans cette crise Grégoire fut admirable. Il avait les qualités

1) Le mandement de Rokytsana a été publié dans le *Vybor*, II, 731-738.
2) Iiretchek, *Rukoviet*, II, p. 166.
3) On plaçait ordinairement pendant la première persécution ces exécutions, les documents publiés par Goll prouvent que c'était une erreur.] 5e lettre à Rokytsana (*Tchas.* 1883, p. 561); lettre du frère Tuma (*Id.*, p. 521).

les plus hautes du pasteur du désert, le courage tranquille qui
semble ignorer le danger, la foi inébranlable et contagieuse,
l'activité que rien ne lasse. Au milieu des périls qui l'envi-
ronnent, non seulement il réussit à remplir ses devoirs aposto-
liques, mais il trouve le moyen d'écrire traités sur traités, sup-
pliques au roi, réponses à Rokytsana, appels à l'opinion publique,
professions de foi[1]. Il proteste contre les calomnies : on condamne
les Frères comme Picards ; ils n'ont rien de commun avec eux.
Que sont-ils, sinon une fraction de l'Église utraquiste, et comment les Calixtins n'ont-ils pas quelque pitié de ceux qui comme
eux communient sous les deux espèces ! De quoi les accuse-
t-on? De désobéissance. Mais à quel titre exige-t-on qu'ils se
soumettent? Qui leur a donné l'exemple de la révolte, sinon
ceux qui ont sans cesse l'injure à la bouche contre le pape et
les évêques? A force d'entendre répéter que l'Église est corrompue et séduite, ils ont mis la main à l'œuvre et essayé de
réaliser ce qu'on leur proposait. Et maintenant on les accuse de
se séparer de l'Église ; non, ils ne se séparent que de la puis
sance et des vices de ses chefs et pour se confier à l'Évangile[2].

Ces efforts ne restèrent pas sans résultat : ils préparèrent un
revirement important de l'esprit public dont les Frères profitèrent bientôt et dont il importe de tenir un compte très sérieux.
A n'en juger en effet que d'après les mandats si multipliés lancés
contre les Frères, on s'imaginerait que leur histoire a été fort
sanglante : la vérité est que, sauf de très courtes périodes, ils
sont toujours restés hors la loi, sous le coup de l'expulsion ou
des peines les plus graves ; mais le plus souvent la condamnation est restée platonique, la loi n'a été appliquée que de
temps en temps et toujours avec beaucoup d'hésitation et de
faiblesse. Les dissidents furent protégés dans une assez large
mesure par l'opinion, lasse de violences, prise aussi d'une
secrète sympathie pour ces chrétiens laborieux, doux et hon-
nêtes ; ils le furent surtout par l'anarchie, le relâchement de
tous les liens sociaux, la faiblesse de l'autorité royale qui
laissait les seigneurs indépendants sur leurs domaines. Dans ces

---

1) Les adversaires des Frères ne semblent pas toujours de très bonne foi
dans leurs accusations : ils persistaient ainsi à leur reprocher de nier la présence réelle. « Tous ces écrits et tous ces traités, taborites et picards, répond
Grégoire, nous les avons rejetés depuis plus de huit ans et nous nous gardons
d'eux. » Ce qui est une allusion à la décision dont nous avons parlé plus
haut. (V. Sabina, *Hist. de la littérature tchèque*, p. 759.)
2) Lettres à George et à Rokytsana : Gindely, I, p. 45.

conditions, l'État remplit bien le rôle que lui avait attribué Cheltchitsky : la persécution, qui n'est ni assez sanglante ni surtout assez continue pour détruire la secte, lui est comme un aiguillon, une épreuve fortifiante, la préserve de la décadence morale qui suit ordinairement l'exaltation première, lui gagne bien des âmes aussi, séduites par le charme romanesque du péril apparent ou gagnées par la contagion du sacrifice. « Il arriva, par un ordre divin de la Providence, dit l'auteur de l'*Histoire des persécutions*, que plus on s'efforçait d'étouffer cette étincelle, plus haut s'élevait la flamme... Et ainsi s'accomplit la prophétie de Mathieu de Paris : une bande insignifiante paraîtra et les ennemis de la vérité ne prévaudront pas contre elle ; et en effet ils n'ont pas prévalu[1]. »

Le péril cependant fût peut-être devenu grand si la mort qui enleva la même année George de Podiébrad et Rokytsana n'eût délivré les Frères de leurs ennemis les plus redoutables. Le nouveau roi, Vladislav (1471-1516), catholique, mais très jeune, sans expérience, sollicité par des devoirs multiples, d'une bienveillance naturelle qui touchait à la faiblesse, n'avait ni le temps, ni la force, ni peut-être même le désir de veiller à l'exécution stricte des lois qui frappaient les Picards. Pendant un quart de siècle, ils continuèrent à peu près en toute liberté une active et heureuse propagande, favorisée par les incertitudes et la rapide décadence morale de l'utraquisme. Les femmes surtout venaient à eux et ils trouvèrent jusqu'à la fin parmi elles des alliés dévoués et précieux. Les règles de l'Unité exigeaient que les nobles, pour être admis parmi les Frères, renonçassent à leurs seigneuries ; aussi n'y a-t-il guère d'exemple à cette époque que des personnes d'un rang élevé soient entrées dans la communauté ; elle comptait du moins déjà dans la plus haute société des amitiés fort actives. En Moravie, les grandes familles des Jerotyn, des Pernchtein, des Chternberk, des Boskovits leur étaient favorables ; en Bohême, au premier rang de leurs protecteurs se plaçaient Kostka de Postupits et le chancelier Tstibor de Tsimburk. Tstibor, qui joignait aux plus hautes vertus et à un patriotisme éprouvé[2] les plus rares talents politiques, n'avait ménagé

---

1) *Histoire des lourdes persécutions de l'Église tchèque*, édition boh. de 1870, p. 47.

2) V. la belle lettre qu'il écrit à l'évêque d'Olmütz, Tas de Boskovits (*Archisvtchesky*, IV, p. 111). N'y a-t-il pas comme un écho de l'enseignement des Frères ? Est-ce là, dit-il à Tas, la conduite de prêtres chrétiens ? Ne con-

ni ses biens ni sa vie pour assurer l'élection de Vladislav[1], et les Frères avaient en lui un défenseur fort écouté.

Ainsi se préparait entre l'Unité et une partie des nobles cette alliance[2] assez inattendue, qui explique le grand rôle qui lui revient dans tous les mouvements politiques du xvi⁰ siècle. Tous ceux pour qui la religion est autre chose qu'un vain symbole ou une vague superstition, s'éloignaient de l'utraquisme abâtardi, fatigués de ses perpétuelles oscillations et de sa caducité impuissante. Ils demandaient aux disciples de Cheltchitsky un enseignement moins vide et une foi plus vivante. Ils apprirent d'eux la dignité de la vie, la gravité austère, le respect des choses de la conscience, le dévouement sérieux à la patrie, le courage calme et résigné, toutes les vertus en un mot qui jettent comme une lueur héroïque sur les derniers jours de la liberté tchèque. Tous les seigneurs malheureusement ne se mirent pas à leur école; la majorité de la noblesse, uniquement préoccupée de ses intérêts immédiats, continua à s'absorber dans des luttes mesquines, sans autre souci que son indépendance et ses privilèges. Une part de responsabilité dans la révolution sociale qui s'accomplit alors en Bohème revient-elle à l'Unité? En prêchant aux paysans l'obéissance et le sacrifice, n'a-t-elle pas énervé leur force de résistance et facilité l'établissement général du servage? N'a-t-elle pas, d'autre part, en répandant l'habitude de la libre réflexion, favorisé chez les seigneurs l'esprit d'insubordination et de révolte? Dans tous les cas, ces torts fort involontaires et assez problématiques, elle les a amplement rachetés en donnant à la patrie des hommes tels que Charles de Jerotyn et Vaclav Budovets de Budov.

Pendant qu'elle commençait ainsi à pénétrer dans les classes riches, l'Unité faisait de nombreux prosélytes parmi les paysans et les ouvriers. Ses progrès, comme il est naturel, avaient été

viendrait-elle pas mieux à des disciples de Mahomet qui a ordonné de frapper ceux qui ne partagent pas sa foi? Christ n'a-t-il pas ordonné de tendre la joue gauche si on frappe sur la joue droite, et la plus terrible vengeance qu'il permette n'est-elle pas de secouer la poussière de ses souliers au seuil des maisons qui repoussent ses envoyés?

1) Expression de Vladislav dans une charte donnée à Tstibor en 1472. Sur Tsimburk voir l'étude de Brandl, *Kniha Tovatchovska* (le livre de Tovatchov), Brno, 1868.

2) « Il fut difficile d'expulser de Bohème ce genre d'hommes, et cela pour deux raisons : l'hypocrisie, c'est-à-dire une certaine douceur de langage et l'habileté, sous cette douceur, de répandre leur venin, et ensuite parce qu'ils avaient pour eux presque toute la noblesse de Bohème et en particulier les femmes nobles. » (Balbin, *Miscellanea*, livre VII, p. 229. Cp. p. 225.)

particulièrement rapides dans la région où elle s'était implantée tout d'abord. Puissante surtout dans les cercles de Kralové-Hradets[1] et de Pardubitse où se trouvent jusqu'au xvii° siècle les consistoires les plus importants, elle rayonnait sur tout le nord-est de la Bohême qu'elle avait couvert de ses églises. Mlada Boleslav[2] et Litomychl étaient comme les deux capitales de ce centre du nord-est, qui resta toujours le principal foyer de l'Unité. Vers la fin du xv° siècle, les Frères avaient de nombreux partisans dans deux autres régions, l'une vers le sud, dans le cercle de Pisek, l'autre au nord-ouest, dans celui de Jatets[3] : mais du côté de Pisek ils avaient peu de prise sur le gros de la population, en général catholique, et au nord-ouest les divisions intérieures et le schisme des Amosites ralentirent bientôt leurs succès. Ils comptaient dans les premières années du xvi° siècle de trois à quatre cents Églises ; aucune donnée malheureusement ne nous permet de déterminer, même d'une manière très approximative, le nombre des membres de l'Unité. On croit seulement qu'il étaient alors de soixante-dix à cent mille en Moravie, et ils étaient certainement plus nombreux en Bohême qu'en Moravie[4].

IV

Lorsque Grégoire mourut, quelques années après Rokytsana (1474), il avait le droit de regarder l'avenir avec confiance. Il ne se doutait guère que, vingt ans plus tard, ses successeurs abandonneraient ses doctrines, condamneraient ses écrits et lanceraient l'Unité dans une voie très sensiblement divergente de celle qu'il avait suivie. Délivrés un moment des soucis extérieurs, les Frères s'aperçurent bientôt avec angoisse que le succès est plus redoutable pour une secte que la persécution. La vie est une épreuve, et tous les systèmes ne l'affrontent pas victorieusement ; malheur cependant à ceux qui ne parviennent pas à s'arranger avec elle ! Les règles inflexibles des premiers jours convenaient à quelques centaines de fidèles ; ils se comptaient maintenant par milliers, et elles devenaient étroites et gênantes.

1) Kœniggrætz.
2) Iung-Bunzlau.
3) Snaz.
4) Gindely, I, p. 92-94.

Garderait-on la même indépendance hostile vis-à-vis des seigneurs dont on sollicitait la protection, de l'État dont on réclamait la tolérance ? Dans bien des cas, le respect littéral de la loi aboutissait à une violation des règles supérieures de l'Évangile. Est-ce un scrupule de conscience bien légitime que de refuser un serment qui préviendrait une injuste condamnation ? Défendre aux Frères d'accepter toute charge publique, n'était-ce pas écarter du pouvoir les plus dignes et livrer les pauvres et les humbles à une plus rude oppression ? — Deux partis se formèrent bientôt; l'un se composait surtout des anciens compagnons de Grégoire, de ceux qui avaient partagé les souffrances et l'enthousiasme des années de tristesse et de terreur; l'autre se recrutait plutôt parmi les nouveaux adhérents de l'Unité, qui apportaient un esprit plus libre et moins dominé par le souvenir des luttes passées, une intelligence plus juste des nécessités de l'existence, plus d'instruction aussi et moins de défiance pour la science. Le chef des premiers fut un Morave, Amos, fanatique, résolu, violent, non sans valeur du reste; les seconds furent représentés surtout par des anciens étudiants de l'université de Prague; ils ont presque tous laissé un nom dans l'histoire de l'Unité, Jean Taborsky, Laurent de Krasonitse, Jean Klenovsky et surtout Procope de Iindrjichov-Hradets[1] et Lukach de Prague[2].

Lukach, né à Prague vers 1460, avait fait ses études à l'université utraquiste. L'ardeur de ses opinions calixtines l'avait un moment réduit à quitter la ville (1480). Il se destinait au clergé, mais il était tourmenté par des terreurs et des doutes que ses méditations et ses lectures ne dissipaient jamais entièrement[3].

[1] Neuhaus.

[2] « La cause (de la persécution de 1503) fut non seulement l'hostilité des ennemis extérieurs, heureux, suivant leur coutume, de nuire au petit troupeau, mais encore quelques faux frères. Car une question s'était élevée entre les Frères au sujet de la puissance séculière: un chrétien peut-il en bonne conscience être un seigneur, se servir de l'épée, prêter ou demander un serment ? Quelques-uns le niaient comme de nos jours les anabaptistes ; mais la majorité se prononça pour les seigneurs. » (*Histoire des persécutions*, ch. 23.) Cp. l'article de Jos. Jiretchek sur Jafet, *Tchas.*, 1861, p. 138.

[3] Lukach me paraît faire allusion à ces combats intérieurs dans son traité sur l'Antechrist dont M. Goll a publié des fragments (*Tchas.*, 1883, p. 367.) Il parle de ceux à qui il est donné de chercher et de trouver la vérité dans la crainte et le doute. Rien de plus naturel d'ailleurs que ces inquiétudes avec les opinions qu'il avait alors. « Tu as écrit, lui répond Procope, que s'il manque une seule vérité, tout périra, comme la barque à laquelle il manque une planche. » (*Id.*, p. 363.) L'état d'esprit dans lequel il se trouvait à ce moment n'est pas sans analogie avec celui de Luther dans sa jeunesse, et il y a d'ailleurs entre eux plus d'un trait de ressemblance.

Un de ses collègues lui remit les traités des Frères : la simplicité de leur foi, l'austérité de leur morale séduisirent cette âme passionnée et inquiète; ce théologien, plus logique que constant, inflexible au milieu des variations de sa doctrine, fait pour le commandement et la lutte, subit le charme de la modération tolérante et de la douceur résignée des premiers maitres de l'Unité. Il entraina dans sa conversion son ami, Jean Tcherny, célèbre plus tard comme médecin, et un jeune seigneur, Laurent Krasonitsky. Bientôt cependant ses habitudes scientifiques et son goût naturel de logique lui rendirent insupportables les hésitations et les incertitudes des Frères. « Appliqué, fidèle, puissant par l'action » (Blahoslav), il annonçait l'apparition d'une génération nouvelle ; aux enthousiastes de la première heure succédaient les organisateurs; aux prophètes, les théologiens. L'Unité reçut de lui ses institutions régulières et son credo[1]. Il l'aimait aussi comme son œuvre, veillant avec un soin jaloux à ce qu'elle n'échappât pas à son influence et ne se perdit pas dans quelque Église étrangère ; si elle résista à l'attraction de Luther et ne devint pas une des sectes du protestantisme allemand, lui seul en est responsable. Il apporta dans ses rapports avec Luther une énergie par trop provocante et une acrimonie quelque peu farouche : Blahoslav le compare à une « épée aiguisée introduite dans l'Unité. » Il a en effet du conquérant et du maitre; il fait penser à ces usurpateurs, d'autant plus jaloux de la gloire et de l'indépendance de leur pays que celui-ci, privé de toutes ses libertés, se confond davantage avec eux. Qu'aurait pensé Grégoire de son successeur ? Aurait-il reconnu son œuvre dans l'Unité ainsi transformée ? N'eut-il pas mieux valu d'autre part, pour la Bohême, que tous les dissidents se ralliassent à la réforme germanique ? Au début du moins, à combattre les rigoristes, Lukach représentait l'avenir et défendait la cause de la raison et du bon sens.

La jeunesse de ce néophyte, plus passionné que prudent, le reléguait pour quelque temps au second rang. Dans la lutte qui s'engagea entre les novateurs et le parti d'Amos, le premier rôle appartient à Klenovsky et à Procope. Très spirituel, fort bien en cour jadis auprès de George de Podiébrad qui goûtait fort sa bonne humeur et sa verve, Klenovsky, dont le surnom,

1) Dès que Lukach eut disparu, de nouveaux et fort importants changements se produisirent.

Paltchek, est encore populaire en Bohême, avait eu l'occasion de rendre aux Frères de très réels services. Assez instruit, mais fait surtout pour la discusion et l'action, il décidait le vote ; Procope le préparait. C'était là pour le moment le véritable chef des modérés. Bachelier de l'université de Prague, grand lecteur des Docteurs et des Pères de l'Église, parmi lesquels Jérôme et Cyprien étaient ses auteurs favoris, Procope était un orateur écouté et un écrivain persuasif. Tout ce qu'il a laissé, dit Blahoslav, mérite d'être lu pour la langue et pour quelque chose de supérieur[1]. On retrouvait dans ses ouvrages les qualités de modération, de charme, de douceur (*dulcissima verba*) qui expliquent son ascendant personnel. Lukach lui-même ne résista pas à cette raison aimable et revint à des opinions moins excessives[2]. Ses syllogismes auraient trouvé bien des incrédules. Procope rallia tous les hommes de bonne volonté, tous ceux qui cherchaient en toute simplicité de cœur la vérité et la prospérité de leur Église.

La lutte se concentra, comme toujours, autour d'une question de dogme, la grâce et le mérite de l'homme. On ressent quelque surprise à voir avec quelle rapidité les Frères avaient perdu le souvenir de la pure doctrine de leurs maîtres. Le trouble provoqué par les persécutions, l'ignorance de presque tous les fidèles, le désir d'éviter les querelles inutiles et l'oubli des théories dogmatiques qui s'en était suivi, suffisent à peine à expliquer qu'Amos et ses amis aient pu en toute sincérité se présenter comme les vrais représentants de la doctrine de Cheltchitsky, en attachant aux œuvres une importance prépondérante. « L'homme, répondaient leurs adversaires, est sauvé non par ses propres mérites, mais par les mérites du Christ, » et ils étaient certainement fidèles sur ce point à la pensée du fondateur de l'Unité ; ils s'en éloignaient bientôt d'ailleurs par les conséquences qu'ils tiraient de leur principe, la résignation indifférente et l'inertie morale : tout est pur dans celui qui est pur[3].

---

1) *Tchas.*, 1861, p. 375.
2) Il les défendit toujours en revanche de la même manière.
3) Il est à remarquer que Lukach et ses amis représentent exactement à ce moment l'opinion qu'ils combattent ensuite avec tant d'acharnement dans Luther. C'est en effet sur la question de la justification par la foi que porte principalement la discussion entre les Frères et les protestants à l'origine, et Lukach fait à Luther, à propos de la *liberté morale*, c'est-à-dire de l'indifférence au bien, des objections qui rappellent singulièrement celles qu'on lui avait présentées à lui-même. Cela même n'explique-t-il pas dans une certaine mesure la vivacité de sa polémique ? Il avait vu de près les dangereuses consé-

A laquelle de ces deux opinions se rattacherait la majorité? Le programme et l'avenir de l'Unité en dépendaient. Les partisans d'Amos refusaient d'admettre parmi eux les seigneurs et les riches, réprouvaient absolument le commerce, la guerre, le serment, l'exercice de toute autorité séculière; victorieux, leur étroit ascétisme condamnait la secte à la stérilité et à l'isolement. Procope, dans son Traité sur la bonne volonté (1490) et dans son Commentaire sur le ve chapitre de saint Mathieu (le Sermon sur la montagne était le grand cheval de bataille des rigoristes), s'efforça de trouver une solution moins radicale, prit position à égale distance de tous les exagérés, et proposa une opinion qui conciliait l'intervention divine et la liberté humaine. La grâce est nécessaire et sans elle tous nos efforts seraient stériles, mais nous devons travailler à mériter le choix de Jésus par notre repentir et nos vertus. Il nous est impossible de remplir sur tous les points tous les ordres de Dieu, mais ayons de la bonne volonté et le Sauveur ne nous abandonnera pas. Les riches et les nobles sont entourés de dangereuses séductions, mais, s'ils évitent les péchés mortels qui entraînent aussi la damnation des pauvres, il ne leur est pas impossible de faire leur salut. S'ils mènent une vie chrétienne et gouvernent suivant les prescriptions de l'Évangile, par quelle intolérance leur fermerait-on l'Unité? Le pouvoir séculier a été créé par Dieu pour le bien général : les Frères ne violent pas la loi du Sauveur en réclamant la protection de l'autorité régulière et en l'exerçant euxmêmes dans les conseils ou toute autre fonction[1]. La modération de Procope et l'intervention de Klenovsky entraînèrent le synode de Brandys (1490); mais à peine de retour dans leurs paroisses, les rigoristes essayèrent d'ameuter les esprits contre les concessions faites aux modérés : elles étaient fort timides cependant et pleines de restrictions, mais il était facile de prévoir qu'on ne s'arrêterait pas là. Des prédicateurs fanatiques dénoncèrent l'Antechrist qui s'était glissé dans le camp des serviteurs de Dieu ; comme à l'époque de Sylvestre, Satan avait réussi à compromettre l'œuvre du Seigneur. Nous ne connaissons pas malheureusement les incidents de la lutte : le récit de Lukach est une apologie visiblement arrangée dans le but de rejeter

quences de cette doctrine, il en avait souffert, et il repoussait la tentation avec épouvante et horreur.

1) Procope, Commentaire du cinquième chapitre de saint Mathieu, d'après Hretchek, *Rukoviét*, II, p. 151.

tous les torts sur les rigoristes[1]. Les deux fractions se disputaient l'évêque, Mathias de Kugnwald, animé des meilleurs sentiments, mais faible, hésitant, tiraillé entre ses préférences qui le portaient du côté des novateurs et ses souvenirs, la crainte de trahir la volonté de Grégoire. Après diverses péripéties, les novateurs l'emportèrent définitivement au synode de Rychnov (Reichnau, 1404), leurs chefs furent appelés aux principales fonctions, et, l'année suivante, l'assemblée condamna ceux des écrits de Cheltchitsky et de Grégoire qui ne répondaient plus aux besoins du temps : l'Unité ne reconnaissait d'autre maître que Christ, d'autre règle que sa loi[2].

Cette résolution était une révolution. Les Frères s'affranchissaient de leurs traditions et de leur passé. Ce qu'il y avait dans les doctrines de Cheltchitsky d'excessif et d'inconciliable avec la vie sociale, s'était accentué encore pendant les années de persécution ; dès que la situation s'était éclaircie, la nécessité des concessions s'était imposée. Les décisions de 1494 et de 1495 marquent le commencement d'une ère nouvelle. Procope et Lukach n'acceptent l'héritage de Cheltchitsky et de Grégoire que sous bénéfice d'inventaire. Les craintes d'Amos n'étaient pas sans raison, et Satan pénétrait dans la cité sainte. Jamais peut-être n'a éclaté avec plus d'évidence la force irrésistible des événements et des situations, leur action toute-puissante sur les systèmes et les hommes. Le monde ne s'ouvre qu'à ceux qui acceptent ses conditions ; pour faire une place aux Frères, la société exigeait d'eux qu'ils commençassent par la reconnaître.

D'importantes modifications traduisirent bientôt d'une manière extérieure les graves changements accomplis. Les Frères abandonnèrent peu à peu celles de leurs cérémonies par lesquelles ils marquaient le plus nettement jusqu'alors leur séparation des autres communions chrétiennes, ne contestèrent plus la valeur des sacrements conférés par les prêtres romains, n'exigèrent plus aussi rigoureusement le second baptême des néophytes. Un esprit de conciliation et de tolérance souffla dans l'Unité ; les

---

1) Suivant l'opinion généralement admise, les modérés, sur les propositions de Klenovsky, auraient d'eux-mêmes abandonné les décrets votés à Brandys et auraient laissé aux rigoristes la direction de l'Unité, afin qu'ils se rendissent compte par eux-mêmes de la nécessité des changements. L'événement leur aurait donné raison, et, quelques années après, une forte majorité se serait prononcée en leur faveur. Il faudrait des preuves bien fortes pour accepter un récit aussi invraisemblable et le témoignage de Lukach me semble insuffisant.

2) Décrets des Frères, publiés par Gindely, p. 2.

nouveaux directeurs firent preuve d'ailleurs d'autant de prudence qu'ils avaient montré de décision et de coup d'œil. Ils
ne poussèrent pas leur victoire jusqu'à ses conséquences extrêmes, ne perdirent pas de vue le véritable but à atteindre, la
rénovation des âmes par l'adoration de Christ. Débarrassés de
leur rigueur excessive et comme atténués par l'expérience, les
principes de Cheltchitsky se montrèrent féconds et l'Unité resta
une grande école de progrès moral et de foi tolérante et large.

Amos ne se résigna pas à sa défaite et il rencontra un auxi-
liaire dévoué dans un meunier remuant nommé Kubik. Aidés
par un certain Rjiha Volitsky, qui corrigeait leurs écrits, ils atta-
quèrent violemment les progressistes, les accusèrent de suivre
l'exemple fatal des Taborites et de vouloir « Jijkover[1] ». Toutes
les tentatives de conciliation restèrent inutiles et ils furent
enfin solennellement exclus de l'Unité. Ils avaient entrainé un
certain nombre de fidèles, surtout dans les groupes de la Bohême
occidentale et plus particulièrement dans les cercles de Klatov
(Klattau) et de Prachyn ; on les appela le *Petit parti* ou les
Amosites. Amos ne manquait pas de quelques-unes des qualités du chef de secte et il réussit à conserver ses partisans ; mais
certaines causes sont perdues d'avance. Le petit parti, recruté
presque exclusivement dans les classes inférieures, ne se composait que de fanatiques sans instruction et sans idées ; il s'était
condamné volontairement à l'immobilité et à la mort. Après
avoir repoussé tout changement, il devint la proie de la division,
se morcela en sectes nombreuses, et finit par disparaître sans
laisser de traces, moins d'un demi-siècle après le schisme[2].

Aucune période de l'histoire des Frères n'est aussi remarquable au double point de vue du développement organique et
des progrès extérieurs, que celle qui s'étend depuis le synode
de Rychnov jusqu'au moment où la Réforme luthérienne commence à se répandre en Bohême. Procope et Lukach fixent d'une
façon à peu près définitive, non la croyance qui varia encore
souvent depuis, mais la constitution et la discipline. Mathias de
Kugnwald, un peu discrédité par ses incertitudes et ses brusques
variations, mais respecté malgré tout pour la droiture évidente

1) *Histoire des persécutions*, chap. xxiii. Cp. pour ces événements, Iiretchek,
Ruk, art: Amos, Kubik et Kalenets.
2) Amos mourut vers 1522. Il fut remplacé dans la *capitainerie* du Petit-
Parti par un coutelier de Prague, Kalenets, qui fut mis au pilori et chassé de
la ville. Le Petit-Parti était dès lors en complète dissolution.

de ses intentions et sa résignation modeste, dut à la sagesse
des vainqueurs de conserver sa dignité épiscopale. On le dé-
chargea seulement de toute la partie temporelle de ses fonctions et son rôle se réduisit désormais à consacrer les candidats
à la prêtrise. A sa mort (1500), on nomma quatre évêques. On
les désigne ordinairement sous le nom de *Seniores*. Lukach fut
un des quatre, et on s'aperçut bientôt que les rênes, jusqu'alors
assez lâches, étaient passées dans des mains plus fermes. Les
diverses paroisses, qui jouissaient encore d'une autonomie
très large, sont bientôt soumises à une impulsion centrale
énergique qui fait une véritable unité d'une confédération jusqu'alors assez incertaine. Les différences locales sont condamnées
et le service divin se célèbre partout d'après un rite uniforme.
Le culte des premiers Frères, froid et sec, n'était guère fait pour
toucher l'imagination; Lukach le transforme : les cierges, les
vases sacrés, les ornements précieux, les chants lui rendent un
peu de la pompe catholique. Plus d'un s'indigna contre ce retour à l'idolâtrie; mais Lukach rappela aux mécontents qu'ils
étaient tenus d'obéir aux évêques et triompha en somme
facilement de toutes les velléités de résistance. Son autorité
était toujours plus respectée, il faisait de Mlada Boleslav, sa
résidence ordinaire, la capitale des Frères; les catholiques et
les calixtins voyaient en lui, non seulement l'évêque le plus
écouté, mais le chef absolu et incontesté de l'Unité : un de ses
adversaires le nomme l'anti-pape[1].

Cette puissance, Lukach la devait surtout à ses qualités personnelles et non à ses fonctions. Dans l'Unité, en effet, l'autorité suprême appartient au *Synode,* dont font partie tous les
prêtres. Le synode se réunit toutes les fois que les circonstances le demandent, et souvent chaque année. Les pré-
sidents des Églises les plus importantes et les membres du
Conseil Étroit composent le *Synode Restreint* qui expédie les
affaires courantes et prépare les travaux de l'Assemblée générale. Le *Conseil Étroit* exerce le pouvoir exécutif; le nombre de
ses membres ne dépasse pas d'ordinaire quatorze, les quatre
seniores et quelques prêtres élus par les communautés[2]. Les
candidats à la prêtrise sont consacrés par le premier senior
qui, après une enquête et un examen assez insignifiant, leur

1) Hr., *Ruk.*, I, 449.
2) Il est d'usage d'élire ordinairement des prêtres, mais ce n'est pas une
règle sans exception, et les laïques peuvent faire partie du Conseil.

impose les mains. Le prêtre donne les sacrements, reçoit la confession, publique pour les péchés publics, secrète pour les péchés secrets, et exerce sur ses paroissiens une haute direction morale. Les fidèles ne lui doivent aucune redevance, et il gagne sa vie par son travail. Il est assisté par un diacre, chargé d'une sorte de surveillance sur lui, et par un comité d'Anciens qui règle les questions matérielles et juge les différends survenus entre les Frères[1].

Le progrès moral restait le principal souci de l'Unité, et les décrets des synodes finirent par former un code complet de discipline publique et privée. Ces prescriptions minutieuses, remarquables en général par leur sagesse pratique, s'adressent successivement à toutes les classes et proposent aux fidèles une règle de conduite pour toutes les conditions de la vie. Elles jettent un jour curieux sur l'état des mœurs en Bohême au xvie siècle et nous permettent de pénétrer dans la connaissance plus intime des Frères.

Les riches sont habitués à un certain bien-être ; on n'exigera pas d'eux une austérité excessive. Ils éviteront seulement les prodigalités inutiles, les vêtements trop somptueux, l'étalage d'un luxe insolent; ils se souviendront qu'ils sont les intendants de Dieu sur la terre et qu'il leur sera demandé compte de la fortune qui leur a été confiée[2]. Dieu a placé les nobles et les seigneurs au-dessus de leurs sujets pour qu'ils en reçoivent les honneurs et les redevances légitimes, mais pour qu'ils leur assurent en retour une administration vigilante et protectrice. Malheur à ceux qui traitent leurs sujets comme des esclaves, accablent leurs serfs de corvées injustes et de redevances arbitraires; celui qui est le Père de tous les hommes se détournera d'eux. Ces pauvres, ces serfs, Jésus les a appelés ses frères et ses enfants ; pour les sauver il a accepté les outrages, les souffrances et la mort ; sa main est toujours étendue sur leur tête; les seigneurs ne l'oublieront pas, ils se montreront justes, bienveillants, attentifs, secourables aux malheureux, indulgents aux coupables. Ménagers de leur fortune, ils ne puniront pas trop rudement ceux qui ne peuvent pas payer leurs tributs et réser-

---

1) Gindely, I, p. 80-84. Une institution curieuse était celle d'un comité de veuves et de vieilles filles, chargées, entre autres soins, de surveiller la moralité publique.

2) La plupart des conseils qui suivent sont empruntés aux décisions du synode de Brandys en 1512. Elles ont été publiées dans le *Vybor*, II, p. 1395-1429. Cp. p. 1412.

véront leurs ressources à des dépenses utiles à leurs sujets. Les vêtements éclatants, les fêtes, les orgies et le luxe ne sont pas les signes de la noblesse, mais les bonnes mœurs, l'application au travail, le dévouement au bien général. Beaucoup recherchent les charges publiques pour le vain éclat qui les environne, les flatteries, la gloire périssable, les richesses; ne reculent, pour les obtenir, ni devant la corruption ni devant la ruse ; le chrétien les accepte avec trouble et tristesse ; il sait les devoirs qu'elles imposent et qu'elles font de lui un serviteur des serviteurs de Dieu[1]. Juge, le vrai disciple du Christ ne tiendra compte que de la justice de la cause qui lui est soumise, et ne se laissera déterminer par aucune considération extérieure ou secondaire; il n'ordonnera de châtiment qu'après mûre réflexion, sans colère, sans haine, sans autre pensée que « de rendre meilleur le coupable ou les autres, d'écarter du mal celui qui est puni ou les autres. » Les peines qu'il prononcera seront modérées, il ne se résignera à condamner à mort que s'il a une preuve bien évidente que telle est la volonté de Dieu et la conviction certaine qu'il n'y a pas d'autre moyen d'empêcher le coupable de revenir à son crime et de le mettre hors d'état de nuire[2]. On ne fera sous aucun prétexte emploi de la force dans les questions religieuses et on ne la tournera pas contre l'Ancienne ou la Nouvelle Loi. L'ordre du monde tel qu'il est et la hiérarchie sociale ont été institués par Dieu, non pour le mal, mais pour le bien de tous. Aussi les sujets et les serfs qui blasphèment, ne s'acquittent pas de leurs redevances, n'obéissent pas à leur seigneur, essaient de secouer leur autorité, sont en rébellion contre Dieu même[3]. Que les pauvres ne convoitent pas la fortune des riches, qu'ils acceptent avec reconnaissance les dons qu'ils en reçoivent, mais ne les sollicitent pas comme un droit ; qu'ils ne rendent jamais le mal pour le mal ni la colère pour l'injustice. « A moi seul appartient la vengeance, » a dit le Seigneur, et il veut que les opprimés supportent avec calme leurs souffrances et que les sujets obéissent non par crainte, mais par conscience.

Ces enseignements ne restèrent pas lettre morte. Le XVIe siècle, en Bohême, présente une physionomie très particulière. Entre

---

1) *Vybor*, p. 1411, 1397.
2) *Id.* p. 1394-1400.
3) C'est un des thèmes qui reviennent le plus souvent dans les décrets des synodes. Cp. Gindely, *Dekrety*, I, 8, 98.

les grandes agitations du xvᵉ et du xvⁱⁱᵉ siècle, c'est une période
de calme relatif; à l'intérieur surtout, c'est une époque, sinon
de réconciliation, du moins de trève et d'apaisement. L'aristo-
cratie, qui jouit sur ses domaines d'une autorité à peu près
absolue, use de ses pouvoirs avec quelque modération. Un assez
grand nombre de seigneurs montrent un réel souci des intérêts
de leurs sujets ; les corvées ne sont pas très lourdes, les redevances sont à peu près fixes. Les paysans, après quelques tentatives de résistance et malgré quelques explosions partielles,
acceptent en général le nouveau régime, et leur soumission
paisible ne ressemble pas toujours à la prostration désespérée
de vaincus incapables de soutenir plus longtemps la lutte.
Ils sont reconnaissants à leurs maîtres de ne pas se montrer
plus durs, leur situation matérielle est infiniment supérieure à
ce qu'elle sera après la guerre de Trente ans. Sur d'assez nombreux domaines, il s'établit une sorte de régime patriarcal, qui
fait illusion, laisse à peine deviner les funestes effets et les
fatales conséquences de la transformation sociale qui s'est ac-
complie [1]. Il y aurait pas mal de naïveté et beaucoup d'exagéra-
tion à rapporter à l'Unité tout l'honneur de cet apaisement social
et de cette trève des passions ; les causes en sont multiples : le
développement général de la civilisation, le progrès des mœurs,
les traditions et le souvenir encore récent d'un régime plus
libéral, la souplesse et la douceur naturelles aux races slaves,
par-dessus tout la communauté d'origine, de langue et de religion, qui, plus forte que les préjugés de classes, faisait un
même peuple des seigneurs et des serfs. Il est probable cependant que cette doctrine, qui prêchait aux vaincus la soumission
et l'espérance ajournée dans une vie future, aux riches la
charité et la justice, à tous la bienveillance et la concorde, con-
tribua peu à peu à endormir les rancunes des uns et à dompter
les convoitises des autres. Il suffit, pour s'en convaincre, de
remarquer que la plupart des seigneurs dont nous connaissons
la modération et la justice sont les protecteurs ou les adeptes de
l'Unité.

[1] Ces bonnes relations des maîtres et des serfs nous sont prouvées par de
nombreux documents, mais il ne faudrait pas en tirer des conséquences trop
générales, car d'autres documents nous parlent aussi de vexations et de violences ; par là s'expliquent les divergences des historiens sur la condition des
historiens tchèques au xvⁱᵉ siècle. La vérité c'est que le paysan, n'étant plus
protégé par la loi, l'était encore souvent par la volonté de son maître, mais il
n'avait aucune garantie et les abus n'étaient pas rares.

Pourquoi cette morale, si pure et si sage, ne nous satisfait-elle pas complètement, nous laisse-t-elle une impression de tristesse et de doute ? Elle est trop parfaite, a-t-on dit. Plutôt trop en dehors de la nature humaine, non par l'idéal qu'elle propose, mais par les sentiments auxquels elle s'adresse. Les Frères font le bien par devoir : on ne voit pas qu'ils en éprouvent quelque plaisir. Soyez toujours joyeux, avait dit l'apôtre. Au milieu de toutes leurs vertus, ils ont égaré celle-là. Comme toutes les sectes profondément chrétiennes, ils n'ont pas l'amour de la vie et le sentiment de ses félicités ; ils l'acceptent comme une tâche, toujours tourmentés par la terreur d'oublier la seule chose réelle, le salut. Pour eux l'art n'est qu'un moyen d'augmenter l'éclat du service divin ; la littérature n'est qu'une arme de combat ou un instrument d'édification [1], la Renaissance les trouble et les scandalise ; l'Italie du XVI⁰ siècle n'inspire à Lukach qu'étonnement et dégoût. Il n'est pas jusqu'aux idées d'héroïsme, de patrie qui ne les inquiètent : le monde y a une trop large part. S'ils n'interdisent plus aussi sévèrement que Cheltchitsky le service militaire, ils multiplient sur ce point les conditions et les restrictions ; les Frères ne combattront que pour une cause juste, ne partiront que s'ils n'ont pas réussi à se faire remplacer, demanderont à rester dans les garnisons ou les services auxiliaires ; ils ne chercheront dans aucun cas à conquérir de la gloire, ils éviteront les actions d'éclat, se rappelleront sans cesse qu'ils sont à la guerre malgré eux et prieront le Seigneur de les retirer d'une condition où leur âme est exposée aux plus grands dangers. Le courage n'est pas une des vanités auxquelles on renonce le plus facilement, et plus d'un jeune seigneur mérita sans doute par sa vaillance les pieuses réprimandes de son pasteur. Les chefs les plus illustres de l'Unité gardent cependant de ces règles un peu trop de réflexion et de sérieux :

[1] Ceci soit dit sans contester en rien la prodigieuse activité littéraire qu'ont déployée les Frères et les immenses services qu'ils ont rendus à la langue tchèque ; mais leur littérature est presque exclusivement didactique et théologique. Il serait absurde de leur en faire un reproche, c'est la conséquence nécessaire de leur système. Un changement ne se serait-il pas produit avec le temps ? Sans aucun doute : aux faiseurs de cantiques auraient succédé les poètes, et l'art se serait dégagé du joug de la religion. On peut déjà apercevoir comme le commencement de ce changement dans la période qui précède la bataille de la Montagne-Blanche. Cela ne prouve rien contre notre affirmation, mais montre seulement que l'Unité s'ouvrait peu à peu à l'influence du monde : si elle avait duré plus longtemps, elle aurait subi le sort commun des diverses sectes chrétiennes qui ne le sont guère que de nom : elle aurait perdu sa physionomie propre, cessé d'être ce qu'elle était.

héroïques, ils sauront admirablement mourir, mais ils y sont
résolus trop longtemps à l'avance[1]. Ils pensent trop au sacrifice, pas assez à la victoire, provoquant en quelque sorte la
mauvaise fortune, sans cette confiance et cet éclat de gaieté
qui forcent le succès. Ils ont les vertus des minorités qui ne
sont pas destinées à devenir des majorités. Il ne faut pas en
effet que l'activité des Frères et le rôle qu'ils jouent nous
fassent illusion ; au moment même du plus grand épanouisse-
ment de la secte, les neuf dixièmes de la nation lui échappent.
La terre appartient aux violents ; toute conversion est une
conquête ; une religion ne triomphe que si elle a en elle-même
ou dans ses chefs quelque chose de militant, de glorieux et
d'empanaché. Les grands fondateurs sont les grands combat-
tants, saint Paul ou Luther ; les Frères ne sont que des martyrs,
leur défaite était inévitable. C'est la punition, peut-être la
récompense de ceux qui placent leur idéal hors du monde : la
vie ne veut pas d'eux, parce qu'ils n'ont pas eu confiance en
elle. Si du moins ils ne compromettaient que leur propre cause !
Malheureusement, trop convaincus pour se plier aux compromis
nécessaires, ils restent malgré leur volonté de soumission et
leur esprit de sacrifice une cause de difficultés et de discordes.
Moins indifférents aux souffrances, ils achèteraient par quelques
concessions les droits qu'ils réclament ; les exigences intransi-
geantes de leur foi compromettent non seulement leur liberté,
mais aussi la liberté des autres. Ils sont pour un pays un honneur, mais un danger.

Celles des instructions morales des Frères qui s'appliquent à

[1] Voici une lettre, très belle d'ailleurs, qui caractérise assez bien cette situation d'esprit ; ils sont si ardents au sacrifice que le succès est presque pour
eux une déception. En 1503 les Frères avaient été convoqués à un colloque à
Prague, la population était fort excitée contre eux, et les représentants de
l'Unité étaient partis « comme des brebis que l'on mène à la boucherie. »
Voici ce qu'écrit à l'un de ces délégués le seigneur Kostka de Postupitse. « Il
est naturel d'aimer la vie, mais toi, frère, qui es instruit dans la vérité, rap-
pelle-toi que ta vie est enfermée en Dieu avec Christ et que pour la conquérir
tu dois mourir avec Christ. Tu sais aussi en qui tu as cru et comment il peut
t'aider à conserver ta foi. Fortifie-toi donc en Dieu et dans la puissance de sa
force, pour combattre le bon combat et obtenir la couronne de vie. Tout ce
que peut la prudence humaine pour vous assurer contre tout danger, nous
l'avons fait et notre vigilance ne s'arrêtera pas. Si cependant nous ne parve-
nions pas à dompter la violence de vos ennemis et s'il plaisait à Dieu de glo-
rifier par votre mort le nom de son fils, soyez prêts à dire avec Job : Dieu
avait donné la vie, Dieu l'a retirée, que sa volonté soit faite. » (*Hist. des persécutions*, p. 51.) Je ne veux pas dire que Kostka n'ait pas pris toutes les précautions voulues, mais si quelque négligence s'était produite, il se serait con-
solé en pensant que Krasonitski avait eu une bien belle mort et que son martyre
était plus utile à l'Église que sa vie.

la vie privée ne donneraient pas lieu aux mêmes réserves. Ces conseils, quelquefois un peu naïfs, mais sains et droits, nous donnent bien la sensation de cette communauté pieuse, un peu triste, honnête, qui inspirerait encore plus de sympathie si elle inspirait moins de respect. Ils entrent dans les détails les plus précis. Certaines professions sont interdites, parce qu'elles mettent en péril l'âme de celui qui les exerce ou provoquent la faute du prochain : la fabrication des dés à jouer, la peinture et en particulier la peinture sur cartes, les métiers errants, la sorcellerie, le grand commerce qui n'est qu'une occasion de fraude et de vol, etc[1]. Des règles minutieuses tracent leur conduite aux maîtres et aux domestiques, aux pères et aux enfants, aux maris et aux femmes. « Le mari doit respecter sa femme, ne pas se quereller avec elle devant les domestiques, ne lui adresser ni injures ni mauvaises paroles, prendre d'elle un soin particulier pour la nourriture, les vêtements et tout ce dont elle peut avoir besoin, afin qu'elle ne souffre pas de misère. Quand elle est grosse, qu'il ne la fatigue pas par des travaux violents, qu'il ait soin d'elle pendant ses relevailles. » Qu'il la considère comme sa propre chair : « Si elle pèche par sottise ou par oubli, qu'il la traite comme il se traiterait lui-même, car de tous ses proches, elle est la plus proche. » La femme sera chaste, obéissante, ni colère ni boudeuse. Elle surveillera les domestiques, dirigera la maison et ne perdra pas son temps à bavarder. Elle n'achètera et ne vendra rien sans l'aveu de son mari, sera économe pour pouvoir être charitable. Elle assistera régulièrement au service divin et préparera le samedi ce qui est nécessaire pour le dimanche, afin de consacrer au Seigneur ce jour tout entier. Quand les enfants sont jeunes, le père s'entendra avec la mère pour que l'un ne loue pas ce que l'autre n'a pas approuvé. Qu'ils ne montrent pas aux enfants leur tendresse naturelle, mais les élèvent dans le respect, la crainte de Dieu et les vertus chrétiennes. « Qu'ils les habituent à l'obéissance. Quand on dit à un enfant : fais ceci, il faut qu'il le fasse ; laisse ceci, il faut qu'il le laisse. » Tous les frères doivent être traités de la même manière, surveillés, pourvus de ce qui leur est nécessaire, mais non habitués à la gourmandise et au luxe. Que leurs parents les instruisent par leurs exemples et leur enseignent à connaître et à servir Dieu. — Les décrets passent

1) *Vybor*, II. p. 1430.

ainsi en revue toutes les conditions et tous les moments de
l'existence; partout avec le même caractère de précision et de
netteté. Il y a là un dessein évident de saisir l'homme tout
entier, de lui dicter sa conduite non seulement dans les circonstances solennelles, mais à tous les moments, à toutes les heures.
On a parlé à ce propos de simplicité excessive et même d'en-
fantillage ; n'est-ce pas plutôt la preuve d'une profonde connaissance de l'âme humaine et d'une habileté inconsciente, mais
supérieure? Seule, une surveillance de tous les instants as-
souplit et façonne les volontés ; les principes généraux, trop
vagues, n'y suffisent pas. Le Frère n'est pas chrétien de nom,
par occasion ; la morale évangélique forme autour de lui comme
une atmosphère hors de laquelle il ne saurait vivre ; elle est
plus qu'une loi, elle est une habitude. Sans doute les défail-
lances individuelles n'ont pas manqué parmi eux, et même vers
les derniers temps, l'on aperçoit dans l'Unité des symptômes
fâcheux ; en général cependant, ils ont réalisé leur programme.
Toujours relativement peu nombreux, tenus en éveil par l'ob-
servation jalouse de leurs adversaires, débarrassés par la persécution de tout ce bagage compromettant de pusillanimes et de
sceptiques qu'attire le succès, ils firent une réalité de ce qui dans
la plupart des autres sectes chrétiennes n'était qu'un souvenir
et un idéal. Ce n'est déjà pas une si médiocre originalité que
d'agir comme l'on parle et de pratiquer sa foi.

La direction nouvelle imprimée à l'Unité avait eu pour résultat
presque immédiat de lui amener de très nombreux adhérents,
recrutés dans les classes les plus diverses ; beaucoup attendaient
pour ainsi dire à la porte, rebutés jusqu'alors par des exigences
trop rigoureuses; dès que l'on avait entrebâillé cette porte, ils
s'y étaient précipités, marchands, bourgeois, chevaliers, seigneurs ; une secte jusqu'alors sans autorité et sans crédit était
en train de devenir un parti avec lequel il faudrait compter.
Les progrès des Frères nous sont attestés par l'attention que
commencent à leur accorder les catholiques. Jusqu'alors ils
étaient demeurés assez indifférents, plutôt satisfaits d'une diver-
sion qui affaiblissait les Calixtins; leur inquiétude s'éveille,
leurs polémistes entrent en campagne, le pape Alexandre VI
ordonne à l'inquisiteur Henri Institoris de se rendre en Bohême
et en Moravie [1] pour y convertir les hérétiques vaudois et brûler

1) Iungmann, *Hist. de la littérature tchèque*, p. 50.

leurs livres. Assez peu satisfaits des résultats de leur campagne littéraire[1], les catholiques s'adressèrent au roi, et *le très doux* prince se laissa aisément persuader. Désarmé contre les utraquistes, trop forts et protégés par les traités, il n'était pas fâché de donner à l'Église une preuve facile de son dévouement. Les premiers décrets de Vladislav (1509) ne visaient que ceux des *Picards* qui habitaient sur les domaines de la couronne ou dans les villes royales ; son autorité n'allait pas plus loin et les résolutions de la diète obligeaient seules les seigneurs. Or si le clergé utraquiste rivalisait de zèle avec les catholiques, les laïques manifestaient une certaine répugnance à s'engager dans la voie des persécutions ; ceux même qui n'étaient pas favorables aux Frères, étaient tièdes, défiants, assez peu disposés à se faire les serviteurs des rancunes orthodoxes. On finit cependant par entraîner la majorité. Le décret de Vladislav, que l'on nomme aussi le décret de la Saint-Jacob (1508), est fort important dans l'histoire religieuse de la Bohême au xvi° siècle. Voté par les États, inscrit dans les registres publics, il avait tous les caractères de la loi et personne ne pouvait se soustraire aux prescriptions qu'il édictait. Il fut pour les Frères une menace perpétuelle et comme une condamnation ineffaçable que l'on opposa à leurs requêtes et à leurs plaintes. Il était fort sévère, très habilement calculé surtout pour désorganiser la secte, en amener la dissolution sans qu'il fût nécessaire de recourir à des exécutions en masse que l'opinion publique n'aurait pas supportées. Toutes les réunions des *Picards* étaient interdites, leurs livres seraient saisis et brûlés, leurs prêtres emprisonnés ; on nommerait à toutes les cures des prêtres utraquistes ou catholiques qui devraient instruire tous leurs paroissiens dans la véritable foi et veiller à ce qu'ils assistassent régulièrement aux offices ; des peines sévères étaient prononcées contre quiconque donnerait asile à un hérétique[2].

Jamais l'Unité n'avait couru un si grand danger, et l'assaut fut vigoureusement mené pendant plusieurs années ; peu de supplices, mais des vexations de tous genres, les maisons de prière fermées, les prêtres en fuite, les assemblées dans les forêts, partout la terreur et le désarroi. A quoi bon insister sur ces événements ? Vingt fois dans l'histoire de l'Unité nous

1) Ils eurent en général la main assez malheureuse dans le choix de leurs représentants. Les Frères sont très sensiblement supérieurs à leurs adversaires.
2) Palatsky, *Hist. de la Boh.*, v. 2, p. 140.

serions obligés de refaire le même tableau. Dans ces dures et graves circonstances, Lukach prouva qu'il avait hérité du courage et du dévouement de Grégoire, sinon de ses doctrines. Son activité, sa fermeté, son zèle, le nombre prodigieux de ses écrits prouvent que ceux qui avaient placé leur confiance en lui, l'avaient bien jugé; il justifia par ses services la fermeté un peu hautaine de son autorité. Il sortit grandi de l'épreuve, et ceux qui l'avaient vu au danger ne pensèrent plus à discuter ses decrets. La persécution ne se ralentit qu'en 1514, et Lukach faillit en devenir une des dernières victimes. Les effets de l'oppression commençaient à être sensibles; les faibles abandonnaient l'Unité, les liens des diverses églises se relâchaient; l'évêque voulut profiter de la première éclaircie pour entreprendre une tournée pastorale. Il fut traîtreusement arrêté avec ses deux compagnons par le seigneur de Ianovitse, Pierre Suda. Pierre, « le maître et le prince des voleurs », dont la vie n'est qu'une suite ininterrompue de violences et de crimes, jusqu'au moment où les villes exaspérées lui infligèrent un châtiment exemplaire, espérait sans doute extorquer quelque argent aux Frères. Il traita fort durement ses prisonniers; Lukach, qui souffrait de la pierre, ne résista pas à cette rigoureuse détention et bientôt sa vie fut en danger. Il resta calme en face de la mort ; sa fermeté troubla Suda, auprès duquel étaient intervenus aussitôt les amis du prisonnier; il se décida à le remettre en liberté à condition qu'il se présenterait devant le consistoire utraquiste pour répondre des erreurs qu'on lui reprochait. Avant que le moment fixé fût arrivé, Vladislav était mort (mars 1516).

Avec la mort de Vladislav commence pour les Frères une nouvelle période de calme et de progrès. Le nouveau roi, Louis, n'avait que neuf ans. Énervée déjà par la faiblesse de Vladislav, l'autorité centrale disparaît presque complètement sous son successeur; la royauté n'est plus qu'un souvenir et un nom, et, au milieu de l'anarchie universelle et complète, rien ne s'oppose plus aux progrès des Frères.

..

Ce fut l'heure des vastes espérances. L'Unité voyait sans cesse ses églises se multiplier, son influence s'étendre ; les villes étaient déjà sérieusement entamées; la fraction la plus intelligente, la meilleure et la plus puissante de la noblesse était convertie ou favorable. Où s'arrêteraient ces conquêtes? Les succès passés ne répondaient-ils pas de l'avenir ? Combien là marche avait été rapide, en un demi-siècle, depuis le moment où quelques pieux pèlerins quittaient Prague à la suite de Grégoire. Les Frères étaient encore dans toute la force et dans tout l'enthousiasme de la jeunesse; ils redoublaient d'efforts et d'activité, multipliaient les apologies et les professions de foi. Depuis 1503, ils avaient une imprimerie à Mlada Boleslav; ils en fondèrent une autre à Litomychl et une troisième à Biéla. Ils avaient une vague conscience que l'heure était décisive, et ils ne voulaient pas manquer à la fortune. De quels côtés seraient venues les difficultés ? De l'autorité temporelle ? Elle est anéantie ou gagnée. Du catholicisme ? Il est en pleine décadence; le clergé, sans direction, perd courage ; les populations s'écartent d'une Église qui n'apparaît plus que comme la ruine lamentable d'un grand passé disparu. La succession est ouverte : qu'il se présente seulement quelqu'un assez hardi pour la réclamer, assez fort pour la supporter ! Quel sera-t-il ce successeur attendu ? Ce ne sera certes pas l'utraquisme, stationnaire, vieilli, aussi usé que le catholicisme, maintenu seulement par un reste de respect traditionnel ou par la protection des lois. Ce sont ces fantômes qui arrêteraient l'Unité, pleine de vie et de foi, visiblement protégée par Jésus, fortifiée par la persécution, instruite et élargie par l'expérience ! Il lui appartient de faire ce qu'a vainement essayé le hussitisme ; elle réconciliera dans l'Écriture les divers partis tchèques, elle assurera le triomphe de l'Évangile et le repos de la nation enfin sortie de cette longue période de troubles et de guerres intestines.

Ces rêves furent brusquement interrompus par deux événements imprévus. A la mort de Louis (1526), les Tchèques élurent pour son successeur le frère de Charles-Quint, Ferdinand d'Autriche ; à la même époque, Luther avait déjà donné le signal de la Réforme allemande.

Le nouveau roi savait ce qu'il voulait, et il le voulait bien. Catholique, il haïssait les Frères, dans lesquels, avec un sens très fin, il apercevait les véritables ennemis de l'Église romaine; politique avisé, espérant ramener les utraquistes à se soumettre à Rome, dont il obtint les concessions qu'elle avait refusées à tous ses prédécesseurs, il détestait ces dissidents qui étaient un obstacle à ses projets. Très jaloux de ses droits, il redoutait ces sectaires, nés de l'anarchie, grandis au milieu du désordre, et dont l'existence était la négation même du principe social; leur alliance avec les nobles lui était suspecte et leur influence dans les villes désagréable. Hostilité d'autant plus redoutable que les Frères n'étaient couverts par aucune loi, mais qu'ils étaient toujours sous le coup de décrets très rigoureux qu'on pouvait à toute heure invoquer contre eux! En dépit de toutes les phrases convenues sur l'impuissance de la force contre les idées, il n'y a pas d'exemple qu'une nation se soit convertie à un culte nouveau malgré la volonté persistante de ses chefs. Les successeurs de Ferdinand n'héritèrent pas tous de son dévouement au catholicisme, ils n'eurent surtout pas une intelligence aussi claire de la situation et une volonté aussi ferme ; en somme cependant, ils demeurèrent fidèles à Rome et retinrent au moins une large part de l'autorité reconquise par le fondateur de la dynastie ; on ne revit plus en Bohême de période d'anarchie analogue à celle du commencement du xvi° siècle. Les Habsbourgs refusèrent toujours de relever l'Unité de la mise hors la loi prononcée contre elle, et ils disposaient de forces telles que, devant leur volonté bien arrêtée, toutes les tentatives de pression échouèrent. Cette attitude de la royauté eut pour résultat, sinon d'arrêter complètement, du moins de rendre beaucoup plus difficiles et lents les progrès des Frères. Leur propagande ne s'exerça plus que sur des individus, d'une manière sporadique en quelque sorte. Il y avait là pour elle plus qu'un arrêt : les religions voisines de leur berceau ont une force d'attraction qui s'épuise vite. L'Unité en Bohême tendit à devenir quelque chose de semblable à ce qu'est le protestantisme en France, une communion respectée, disposant d'une très réelle influence, attirant à elle de temps en temps des hommes distingués, mais qui n'espère guère et ne désire pas même beaucoup rallier à elle le gros de la nation.

D'autant plus qu'elle avait à compter désormais, non plus avec les utraquistes, mais avec les luthériens. Il ne saurait être question ici d'une comparaison régulière entre la doctrine des Frères et celle de Luther : il semble bien que la plus voisine de l'Écriture n'était pas celle de Luther ; mais cela même lui assurait un sérieux avantage. La Réforme luthérienne ne présentait pas ce caractère si nettement marqué d'évangélisme démocratique qui, chez les disciples de Cheltchitsky, effrayait ou choquait bien des gens. Que les convictions religieuses s'expliquent plus ou moins par des préoccupations matérielles, c'est ce qui est sans doute regrettable, mais ce qui est aussi général que naturel. L'élite des seigneurs s'était convertie à l'Unité ; la majorité accepta le protestantisme, et comme, presque toujours, les nobles entraînaient leurs sujets et leurs serfs, que d'ailleurs ils disposaient d'une influence prépondérante dans la diète, leur conversion livra à la doctrine de Luther tout le royaume, toute la partie du royaume au moins qui n'était pas catholique. Les progrès de la foi nouvelle auraient pu être arrêtés par les haines nationales, mais l'Empire affaibli n'inspirait plus alors de très vives inquiétudes ; bien maîtres chez eux, protégés par des lois précises, les Tchèques étaient tout disposés à oublier leurs griefs contre des voisins dont ils espéraient avoir arrêté les envahissements. Dès que l'origine germanique de la Réforme n'était pas un motif d'exclusion, elle était une recommandation fort puissante. Malgré les progrès des Tchèques, il y avait en Bohême beaucoup d'Allemands, dans les villes surtout, et ils étaient attirés vers l'église luthérienne par un vague instinct de race. En dehors même de ces Allemands, la nation entière subissait la pression, lourde, indéfinissable, mais écrasante qu'exerce toujours sur un petit peuple un grand empire voisin. Si l'on néglige même toute considération extérieure, il y avait dans la Réforme allemande, dans le génie si large et si humain de son initiateur, dans ses succès presque foudroyants, une attraction si irrésistible que l'Unité même sembla près d'être entraînée. Sans Lukach, tant le courant était irrésistible, elle aurait sans doute répondu plus favorablement aux avances de Luther, aurait sacrifié quelques articles de son credo au désir de se réunir à une grande Église. Lukach réagit contre cet entraînement, repoussa toute transaction, se plut à accentuer les différences, réussit à empêcher l'Unité de se perdre dans le protestantisme ; grâce à lui, elle resta une secte indépendante, elle conserva une vie individuelle. En se plaçant au point de vue purement humain et historique, on a le droit de se demander : à quoi bon cette résistance? Dans quel but? L'utraquisme avait succombé à la maladie qui le minait depuis si longtemps, mais sa succession était déjà recueillie ; les destins avaient prononcé, l'arrêt était définitif: le plus sage eût été de se résigner. En refusant de le faire, les Frères, qui jusqu'alors avaient été une espérance, devenaient un danger. Ils avaient paru appelés à rétablir l'unité morale en Bohême, en amenant peu à peu à eux tous les partis; ils n'étaient plus qu'un obstacle à l'union et un agent de discorde.

La rencontre de Luther et de Lukach marque ainsi la limite de deux périodes très distinctes dans l'histoire de l'Unité. Jusque-là, ce qui nous intéresse surtout en elle, c'est le travail de développement organique, par lequel elle semble se préparer au grand rôle qu'elle pressent. Depuis le moment où les événements lui ont enlevé la gloire qu'elle prévoyait, elle n'est plus qu'un parti, remarquable sans doute encore par la haute valeur de ses membres, mais qui ne sert en somme qu'à augmenter la confusion générale. Son histoire aussi est toujours plus étroitement mêlée à l'histoire générale de la Bohême, jusqu'au moment où, après la défaite du protestantisme tchèque, elle retrouve dans l'exil l'indépendance et la dignité des premiers jours.

ANGERS, IMP. BURDIN ET C⁰, RUE GARNIER, 4.

www.ingramcontent.com/pod-product-compliance
Lightning Source LLC
Chambersburg PA
CBHW051236030726

47595CB00003B/941